CARTAS DE UM BANQUEIRO PARA SEU FILHO (LIVRO I)

O que é Dinheiro?

Alfred Lansburgh

Publicação Independente por Mateus R O Michelon

ÍNDICE

PREFÁCIO

O presente livro é o primeiro de uma série de 4, referentes as publicações de Alfred Lansburgh, chamadas de Carta de Argentarius. Nessa gloriosa série de livros, o autor escreve diversas cartas ao filho, endereçando e aconselhando o mesmo sobre questões monetárias, de forma didática. As cartas do atencioso pai carregam ensinamentos, dignos da experiência de um velho banqueiro, que deve passar as rédeas do banco para o inexperiente filho.

O cenário, pelo qual se passa a interlocução é a Alemanha pós Primeira Guerra. O livro é muito valoroso para todos aqueles que pretendem se aprofundar no estudo de política monetária.

É um leitura apaixonante e reflexiva, divirta-se.

Mateus Michelon

PRIMEIRO LIVRO:
O QUE É DINHEIRO?

PRIMEIRA CARTA

Duas Nações, O Crime da Ignorância

Berlin, Noite de Ano Novo de 1920/21

Meia-noite. Lá fora, querido James, os sinos de Ano Novo estão tocando novamente, anunciando um grande ano. Um momento solene para as pessoas que deixam o calendário ditar as horas de seu enriquecimento interior. As "duas nações" de Disraeli, os dois grandes grupos em que cada suposto estado cultural se divide, vivem sua existência de forma intensa neste momento. A riqueza aumenta o bem-estar através do vinho, da dança e da diversão, até o ponto da embriaguez; eu observo isso da minha sala de estudos através das janelas festivamente iluminadas. A pobreza, não vejo, porque se esconde entre quatro paredes nuas em bairros distantes, faz o sacrifício culpa para o novo ano, deixando as lágrimas da vida cotidiana fluírem duplamente abundantes. Eu mesmo, como sabemos, não tenho senso de celebração. Mas ainda não consigo escapar completamente da magia da véspera de Ano Novo. Isso me força a reunir meus pensamentos, a refletir espiritualmente, e muitos sentimentos confusos em mim adquirem uma forma firme e nitidamente definida.

Vejo-me parado, por assim dizer, na linha tênue que separa os dois grandes povos em nossa pátria, os que dançam aqui, e os que choram ali. E ao olhar para essa atividade e vida dividida, é como se eu pudesse enxergar claramente todas as alavancas e engrenagens do grande mecanismo que determina as relações sociais entre países e continentes e que geralmente permanece oculto aos olhos profanos. Meu olhar, aguçado pela consagração deste momento, alcança as leis econômicas que fazem a riqueza e a pobreza surgirem, crescerem, estagnarem ou declinarem.

Vejo como, sob certas condições, a divisão entre as pessoas que têm (posses) e as que não têm se eleva ou diminui. E com uma clareza assustadora, vejo como as desastrosas leis econômicas têm atuado no ano que acabou de passar: a divisão abrupta entre os dois povos de um mesmo país aumentou enormemente. As lágrimas fluem em triplo de um lado, e o vinho do outro. E ao mesmo tempo em que o muro divisor, o ressentimento ancestral dos dois povos, que jamais se compreenderão, cresce em um ódio descomunal que um dia reduzirá o mundo cultural a ruínas se suas causas não forem eliminadas a tempo.

Nesta clara percepção, que concluo do som dos sinos da véspera de Ano Novo, sento-me à minha mesa para conversar com você novamente, meu querido James. Decidi nesta hora retomar o trabalho que deixei cair anos atrás; as instrutivas cartas que lhe enviei antes da Primeira Guerra Mundial serão continuadas. *Docendo discimus*: <u>Aquele que ensina os outros aprende a si mesmo</u>. Quero esclarecer algumas coisas obrigando-me a torná-las claras para você. E, inversamente, é meu dever paternal transferir a você, o filho, o máximo possível do conhecimento que adquiri ao longo de décadas de atividade profissional. Muitas coisas seriam melhores no mundo se cada geração levasse a sério esse dever e se considerasse como garantido que a soma do conhecimento do pai formaria regularmente a base do conhecimento do filho, ao qual ele deveria acrescentar uma nova história para suas próprias gerações futuras. Dessa forma, uma herança do conhecimento é criada, que é igualmente valiosa para o indivíduo e para o todo.

Feliz é o lugar que tem a certeza de que a soma das experiências de seus antepassados está incorporada em cada membro, de sua determinada profissão! Ele encontra tradições estabelecidas em todos os lugares e sabe, sem mais delongas, onde procurar por seus governantes, seus diplomatas, seus oficiais, seus juízes e seus funcionários públicos. Ele não precisa experimentar e abalar a sociedade. Eu sei muito bem, meu filho, que isso não corresponde às suas visões liberais, e não farei nenhuma tentativa de convertê-lo. A conversão virá por si só quando você estiver na minha idade. Então você entenderá a profunda sabedoria do antigo princípio egípcio e indiano de casta, que deixa cada ser humano enraizado onde está, onde encontra as condições de existência correspondentes à sua constituição e onde ele é de melhor utilidade para o todo com sua pessoa equilibrada.

Você é filho de um banqueiro e será banqueiro no futuro. Seria um reflexo negativo para mim se você manuseasse o instrumento que eu um dia lhe confiarei, esse instrumento de tamanha importância econômica, de forma incompetente. Aquele que deseja gerenciar um banco deve, antes de mais nada, saber o que é um banco; deve saber qual é o papel do sistema bancário de um país na economia nacional como um todo e deve estar ciente de que certas funções dos bancos não têm apenas efeitos econômicos muito específicos, mas também consequências sociais e políticas de longo alcance.

Mas tudo isso só pode ser reconhecido por aqueles que dominam as leis do mercado de capitais, que sabem exatamente em que condições a produtividade de um país é transformada em capital, e como os usos individuais do capital têm um efeito sobre a produtividade do país. Aqui está a verdadeira força motriz do povo trabalhador como um todo, aqui são decididas as fortunas econômicas do estado, e aqui está o germe social que divide uma mesma nação em dois povos hostis. Há apenas um caminho, meu filho, que leva à plena clareza sobre isso, e no ponto de partida desse caminho está o dinheiro.

Se hoje em dia há tão poucas pessoas, inclusive entre meus próprios colegas, que compreendem a essência mais profunda e o funcionamento do mercado de capitais e dos bancos que o direcionam, é unicamente porque o conhecimento sobre dinheiro é tão amargamente escasso nos dias de hoje.

Até alguns anos atrás, apenas alguns especialistas lidavam com o sistema monetário, e aqueles que o faziam permaneciam presos no âmbito puramente teórico e abstrato. Isso é bastante compreensível: por décadas, não havia motivo convincente para se preocupar mais profundamente com o dinheiro altamente concreto que pulsa vividamente por todos os mercados. Assim como a melhor mulher é aquela da qual se fala menos, o dinheiro era tão raramente mencionado antes da guerra, porque estava cumprindo seu papel em todos os países culturais de maneira obediente e respeitável.

O dinheiro, portanto, era algo natural que não precisava ser muito discutido. Até mesmo os economistas nacionais, para os quais nada pode ser considerado garantido, foram enganados pela virtude de boa esposa do dinheiro. Suas escolas mais recentes apresentaram teorias que só poderiam ser lidas com uma sacudida de cabeça, lembrando das famosas atribuições dadas pela Revolução Francesa e dos outros pecados juvenis que o bom dinheiro tinha guardado em sua consciência.

A visão predominante antes da guerra era de que o dinheiro era uma instituição puramente conveniente do Estado, como a polícia e o sistema de passaportes, útil, mas não indispensável. Poderíamos nos virar com dinheiro, mas também sem ele. Sua forma externa e seu valor intrínseco são absolutamente irrelevantes. "O Estado é o soberano mestre do dinheiro, que pode produzi-lo a partir de qualquer material que considere adequado e em qualquer quantidade que julgar necessária." Você também, querido James, naquela época, considerava o dinheiro nada mais do que uma criação do sistema legal do Estado, ou, o que no caso é a mesma coisa, a arbitrariedade do Estado. Apesar de todos os meus esforços, não consegui convencê-lo do contrário.

Você é tão relutante quanto os outros em perceber que o Estado basicamente não tem nada a ver com a criação do dinheiro, e que quando ele age criativamente/ativamente, quase sempre destrói o dinheiro.

Enquanto isso, em toda a Europa, e até mesmo na Alemanha, a ignorância geral sobre assuntos monetários tem se vingado terrivelmente. A partir do dinheiro, ocorreram convulsões sociais que um dia talvez se mostrem ainda mais importantes do que as mudanças políticas provocadas pela guerra mundial. Grandes causas, pequenos efeitos: sua incredulidade também foi abalada. A semente do meu ensinamento encontra hoje um solo mais receptivo do que há dois anos. Em uma de suas últimas cartas, você mesmo me pediu para abrir uma pequena janela por onde pudesse ter uma visão do mecanismo oculto do sistema monetário. Bem, vou tentar abrir a janela o suficiente para que você possa ver o imenso edifício das transações monetárias desde a fundação até o beiral. O caminho será o antigo e familiar: em uma série de cartas, vou conduzi-lo passo a passo pelas áreas do dinheiro, crédito, capital e bancos até que você reconheça as grandes conexões entre eles e, assim, obtenha o ponto de partida a partir do qual poderá encontrar o caminho para o interior dos subproblemas individuais por meio de sua própria reflexão. E as cartas devem se seguir rapidamente, porque estou tão ansioso para ensinar quanto você está para aprender.

Por quê?

Porque estou cansado, querido James, porque quero renunciar em breve. Sou um homem da velha guarda e não me encaixo na nova era. Trabalho, senso de dever e disciplina -

você sabe que não consigo funcionar sem esses três elementos. É claro que muitas vezes tive que fazer pequenas concessões; *céus, sou um diretor de banco!* Mas a economia, na qual devo ajudar a desenvolver, precisa ser razoavelmente saudável como tal. O grande código universal, que, devidamente compreendido e aplicado, torna todas as leis especiais supérfluas – refiro-me às duas Tábuas da Lei do Monte Sinai – também deve ser respeitado na vida econômica. Isso não acontece hoje em dia. Vivemos na era do roubo organizado; um roubo tão refinado que a vítima mal percebe como está sendo roubada, e o ladrão nem precisa sujar os dedos para tomar a propriedade alheia. O processo que torna a propriedade proibida parece aos olhos simplórios como um teste elementar do destino, removido da influência humana, que se deve aceitar divinamente. Apenas alguns suspeitam de que o suposto evento natural é na realidade nada mais do que um ato arbitrário e grosseiro do homem, que deveríamos chamar de sacrílego se a palavra de Cristo não se aplicasse aqui: "Senhor, perdoa-os, pois não sabem o que fazem". Eles realmente não sabem, porque não sabem o que é o dinheiro. Parece uma profanação, mas é. A ignorância do dinheiro aqui se torna, na verdade, uma imoralidade epidêmica.

O que mais me enoja é que no meio dessa confraria, a indústria bancária dança, involuntariamente, na roda dos aproveitadores. Parece ser uma espécie de lei natural que nas grandes crises sociais, as quais o proletariado se rebela, sejam os melhores dias e mais lucrativos para o capital; nunca foram criadas fortunas tão imensas e tão rapidamente quanto na grande Revolução Francesa. Mas os bancos, em minha opinião, estão lá para combater a redistribuição ilegal de propriedade, não para ajudar nela. Vejo com horror como hoje os bancos estão enriquecendo ainda mais os "novos ricos" ao colocarem seus recursos à disposição deles, de acordo com o ditado: "A quem tem, será dado"; e como estão deixando os empobrecidos completamente desamparados, privando-os da última tábua de salvação, o crédito. Vejo como os bancos engordam na necessidade dos tempos, como enguias em um pântano transbordando de cadáveres.

Vejo muitos dos meus colegas, em vez de realizar um trabalho prático de resgate, se entregando a uma espécie repugnante de ociosidade ocupada, participando das conversas inúteis de utopistas que acreditam poder construir uma economia completamente nova de acordo com planos bem elaborados, mas ao fazer isso apenas traem o fato de que não conhecem o ABC econômico. Talvez esses sejam todos efeitos colaterais inevitáveis do nosso tempo, e que nesse sentido os anos após as grandes guerras e revoluções sejam necessariamente semelhantes. De qualquer forma, isso me causa repugnância. Sinto saudades daqueles dias inofensivos em que era um dos maiores crimes se um banco permitisse que uma perda que havia sofrido desaparecesse de seu balanço patrimonial ou influenciasse as decisões de uma assembleia geral em benefício próprio. *Quel bruit pour une omelette!* Como as pequenas coisas eram importantes!

Hoje, crimes econômicos de escopo inimaginável passam despercebidos e impunes, acompanhados por um fluxo melódico de absurdos entorpecedores.

Logo, não vai demorar muito para eu colocar o volante em suas mãos, querido James. Seu conhecimento especializado em termos técnicos de bancos ainda é um tanto limitado, mas é suficiente para a administração de um grande banco como as coisas estão. A quem Deus dá um cargo, também dá entendimento. Você verá mais tarde quão verdadeira é essa palavra. Para o diretor de banco, que quase sempre é um doador, todas as fontes de conhecimento técnico, comercial e financeiro são prontamente abertas. Todo industrial, todo atacadista, todo intermediário de negócios internacionais, todo ministro das finanças de um estado necessitado de dinheiro, em suma, todos que precisam do dinheiro do seu banco se tornam, sem saber, seus professores. As sessenta posições no conselho de supervisão que gradualmente passarei para você significarão uma grande fonte de renda para você em termos espirituais, quase mais do que em termos materiais. E seus funcionários estarão lá para o conhecimento detalhado.

Mas há uma coisa que precisa ser adicionada absolutamente ao seu arsenal intelectual: você precisa saber qual instrumento está tocando. Se você quiser manipular milhões e bilhões, precisa saber o que é o dinheiro.

Aquele que administra um banco, ou seja, que está no comando das energias nacionais, deve conhecer a corrente que pressiona sua mão para agir, deve saber como essa corrente é distribuída por toda a economia e como ela age dentro dela. É verdade que se pode operar o painel de controle com rotina externa sem ignorar mais do que os efeitos imediatamente visíveis. Mas se isso acontecer em geral, se todos os grandes bancos forem gerenciados por homens com viseiras, a economia caminhará para a catástrofe.

Portanto, meu querido filho, você deve entender o mecanismo diante do qual você estará em futuro não muito distante. No entanto, só posso fornecer a você a base, a estrutura lógica, por assim dizer, a qual você deve revestir com a carne de seu próprio pensamento; não um mnemônico para a resolução prática dos exemplos aritméticos que ocorrerão em sua futura profissão. No entanto, essa herança intelectual, que você assumirá durante minha vida, talvez seja a parte mais valiosa de todo o meu legado. E isso diz algo sobre um diretor de banco que viveu dois anos revolucionários ricos.

Com amor,
Seu velho pai.

SEGUNDA CARTA

Transações Econômicas são
Transações de Trocas, Transações
de Trocam pedem Crédito,
"Crédito" e "Dinheiro".

Berlin, 2 de Janeiro de 1921

C omo é possível, meu querido James, que tantas pessoas, entre elas também pessoas inteligentes e pensadoras independentes, acham tão difícil compreender a natureza do dinheiro? Eu acredito que seja porque elas têm vivido no meio do dinheiro desde a infância, ficaram muito próximas dele e, portanto, não conseguem encontrar a distância necessária. O dinheiro desempenha uma certa função na vida cotidiana, ou seja, a função de comprar e pagar, com tamanha evidência que é difícil se afastar da ideia de que o dinheiro e a função são a mesma coisa. E o uso da linguagem reforça essa ideia. Se chamamos um certo paquiderme com uma tromba longa de 'elefante', não há dúvida de que um elefante não é nada mais do que esse certo paquiderme com a tromba longa. E se chamamos todas as coisas com as quais compramos e pagamos na vida cotidiana de 'dinheiro', o dinheiro é, é claro, nada mais do que aquilo que serve em cada caso como um meio geral de compra e pagamento. Se são moedas de ouro ou notas de papel, barras de sal ou conchas de caramujos, não importa. Enquanto se pode comprar e pagar com isso em seu próprio país por tudo o que se deseja comprar, é chamado de 'dinheiro' nas línguas do dia a dia.

Mas por trás dessa perfuração bem conhecida há um significado oculto, uma lei. Assim como existem certas leis da natureza por trás do processo da pedra que cai, da roda que rola. Você não conseguirá chegar ao cerne dessas leis enquanto chamar um proboscídeo de elefante e o elefante de proboscídeo, ou seja, enquanto continuar girando em círculos conceitualmente. Mas se você perceber o que é comum a todos os processos e brechas de um certo tipo, o que é típico deles, você descobrirá rapidamente seu significado mais profundo e as leis que os regem.

Portanto, querido James, não pense no dinheiro que toca o tráfego, mas pense no significado do tráfego econômico entre as pessoas como tal. Então, você fará uma observação que muitas pessoas antes de você já fizeram: que esse tráfego, em sua essência, se resume basicamente a um comércio de trocas. Por mais complicada que nossa vida econômica pareça, no final das contas ela se resume ao fato de que inúmeros objetos são produzidos diariamente para consumo e trocados entre produtores, comerciantes e consumidores com esse propósito.

Quem vende um bem ou oferece um serviço está sempre interessado em receber outros bens ou outros serviços em troca. Coloque-se à prova. Olhe ao seu redor e veja do que é composta a riqueza de seus vizinhos, ou seja, o que eles trocaram e acumularam ao longo de décadas de trabalho. O que você vê então? Você vê casas, móveis, obras de arte. Você também vê máquinas, vagões, navios. Por fim, você vê objetos de uso diário, como estoques de roupas, tecidos, carne, pão. Todas essas coisas são o verdadeiro equivalente dos bens que seus vizinhos venderam e do trabalho que realizaram.

Com muitas pessoas, no entanto, você também verá ativos de natureza incorpórea que parecem ser de um tipo muito especial, como ações, títulos, hipotecas e documentos similares. Na realidade, porém, esses ativos não diferem em nada dos objetos concretos.

Cada ação, cada título, cada hipoteca representa casas, máquinas, vagões ou estoques altamente concretos, que estão localizados em algum lugar e que formam o equivalente dos bens vendidos ou do trabalho realizado pelo acionista ou detentor de títulos.

A única diferença é que essas casas, máquinas, etc. não estão sob posse direta do acionista ou detentor de títulos. Em vez disso, elas são de propriedade ou administradas por terceiros, que possuem um direito correspondente sobre elas, o qual é evidenciado pelas ações, títulos e outros documentos. O uso linguístico chama tal direito de 'capital' e o pagamento anual que o administrador deve fazer para utilizar as casas, máquinas, etc., de 'juros'. Esses juros, que por questões de conveniência são geralmente expressos em dinheiro, na realidade são apenas bens de um determinado valor que o beneficiário deseja receber, e muitas vezes ocorre de os juros não serem fixados em dinheiro, mas em espécie, como batatas, grãos ou lenha no campo, por exemplo.

Não importa, querido James, se você encontrar as casas, máquinas e estoques do seu vizinho, ou as ações e títulos. Em um caso, o proprietário mesmo administra os objetos que ele trocou gradualmente por seus bens e serviços; no outro, um terceiro os administra por ele. Onde quer que você conduza sua investigação, em quaisquer países e círculos de pessoas, assim que chegar ao cerne, sempre encontrará que bens e serviços são apenas cedidos com a intenção de trocar por outros bens e outros serviços. A economia de nossa época, portanto, é baseada, assim como nos tempos mais remotos, na troca. Ela só parece um tanto complicada porque há um caos confuso de proprietários, administradores, credores e devedores que arremessam os bens trocados e a serem trocados entre si como petecas. Em outras palavras, porque o elemento do crédito é tão disseminado em nosso tempo, devemos nos deter um pouco nesse elemento, meu rapaz, pois estamos lidando aqui com o fator mais importante de todos na economia e - vou lhe dizer agora - um parente próximo do dinheiro.

Acabei de dizer que o crédito complica as relações modernas e, portanto, nem sempre é reconhecido como a troca de mercadorias que realmente é. Você poderia me perguntar agora: por que você não me descreve as transações em um país no qual o crédito, esse complicador intrincado, é desconhecido, e no qual, portanto, o fato da troca de mercadoria por mercadoria é revelado a olho nu? Resposta: Porque não existe tal país e nunca existiu. O crédito é tão antigo quanto as relações econômicas humanas e não pode ser excluído delas. Nem mesmo em uma aldeia de comedores de homens, quanto mais em uma economia de rebanho pré-histórico, mas geralmente bem organizada, como de nosso arquétipo, Abraão, seria impossível dispensar o crédito. Há apenas uma condição em que a economia pode prescindir desse auxílio mais importante de todos, ou melhor, transformá-lo de tal forma que não seja mais percebido como crédito. Essa condição é possível – mas não quero antecipar.

Eu sei, meu querido, que você é um Tomé incrédulo, e por isso suspeito que você ainda não acredite realmente na indispensabilidade do crédito. Isso é verdade? Se for esse o caso, gostaria de pedir que você imagine o tráfego em um estado negro muito primitivo da África Central. Os habitantes desse estado precisam viver de alguma coisa, você não vê? Uma parte da população caça para obter carne; uma segunda parte cria gado para obter leite; uma terceira parte cultiva milho; o resto dos aptos, se não fazem parte da guarda pessoal do chefe, sacode cocos, corta bambu e folhas de palmeira para construir cabanas ou busca água do oásis próximo. Uma gestão econômica ainda mais primitiva é difícil de conceber.

Agora imagine um pastor realizando o seguinte ato de tráfego cotidiano: Um pastor que não possui nada além de seu rebanho de gado zebu precisa de vários itens, como algumas folhas de palmeira para consertar seu galpão de gado, um pouco de milho para o pão diário e água para suas vacas.

Como ocorre essa compra? A forma mais direta, a troca direta, não é viável nesse caso, pois cada cabeça de gado que o criador de gado pode oferecer em troca vale cem vezes mais do que as folhas de palmeira, o milho e a água. Os vendedores não têm tantas folhas de palmeira, milho e água quanto há gado, e mesmo que tivessem, o que o criador de gado faria com essas quantidades? Pelo menos a água estragaria depois de alguns dias. Portanto, se as partes desejam chegar a um acordo, a única saída é que uma delas adie o pagamento para a outra. Ou o catador de palmeiras, o carregador de água, o cultivador de milho entregam seu pequeno produto ao criador de gado a princípio sem consideração, caso em que este se compromete a atender às suas necessidades continuamente, e posteriormente, quando as entregas de folhas de palmeira, água e milho alcançarem um valor correspondente, pagar toda a dívida de uma vez, entregando o gado; ou então o criador de gado entrega ao buscador de palmeiras, ao carregador de água e ao agricultor de milho uma cabeça de gado cada, em troca do compromisso deles de fornecerem seus produtos conforme necessário, e isso até que o valor dos produtos atinja o preço de uma cabeça de gado. Em ambos os casos, uma parte concede crédito à outra.

Crédito no tráfego diário entre selvagens? Quando mal parece concebível, mesmo em um estado constitucional altamente desenvolvido, que no tráfego de mercado, que é composto por inúmeros pequenos compradores e vendedores, cada indivíduo possa conceder crédito a cada indivíduo? A objeção é bastante óbvia, querido James, eu admito prontamente isso. Mas, por favor, me diga você mesmo como imagina a troca de bens em um país primitivo. O fato é que aqui, assim como no estado civilizado, muito raramente duas partes em processo de troca possuirão bens absolutamente equivalentes. Também é fato que, mesmo em raros casos de igualdade de valor, os bens a serem trocados não estarão disponíveis no mesmo momento.

Por exemplo, se um porco pronto para o abate deve ser trocado por uma tonelada de centeio, o porco pode ser dado no inverno, mas o centeio apenas no verão, após a colheita. Em quase toda troca que ocorre, haverá, portanto, um resíduo que deve ser adiado, ou seja, uma das partes terá que conceder crédito à outra. Quando esse crédito é recusado por princípio, o comércio econômico não pode surgir, independentemente de estarmos lidando com um estado cultural altamente desenvolvido ou uma aldeia hotentote primitiva.

Posso literalmente ver você dando de ombros com irritação para dizer: "Taticamente, no entanto, existe um movimento de mercado vivo em todo o mundo, embora em nenhum lugar as partes compradoras ou trocadoras pensem em conceder crédito umas às outras." Erro, meu querido, um erro sério! Você não examinou o tráfego de mercado com profundidade suficiente. Na realidade, o princípio de adiar o valor equivalente ao comprador de um bem ou serviço se desenvolveu em todo o mundo. Você mesmo, meu filho, usa o crédito dez vezes por dia, sem saber, é claro, e sem que seus fornecedores estejam cientes disso.

Porque o tráfego encontrou um meio de despir o crédito do perigo de perda que, de outra forma, impediria sua aplicação geral, e isso de maneira simples: Todo vendedor tem uma garantia feita por todo comprador. Como isso acontece em todos os atos de troca, e porque se tornou parte natural para nós pagar e ser pago com uma garantia, todos vemos na garantia uma consideração definida e não percebemos mais que essa consideração foi realmente adiada, creditada. Não vemos o crédito que está presente em toda transação de mercado, porque é um crédito coberto e sem risco que damos e recebemos, e porque a cobertura sempre consiste em uma mesma subgarantia.

Tornou-se um costume - tanto entre os hotentotes[1] quanto entre nós - usar um depósito padrão. Não é deixado às partes compradoras concordar sobre qualquer garantia, mas há uma determinada mercadoria, valorizada de forma geral, suficientemente disponível, facilmente divisível e componível, mas acima de tudo estável em valor, que foi escolhida como a garantia costumeira. Essa garantia padrão, querido James, é chamada de dinheiro. A introdução do dinheiro em circulação é a única condição que mencionei anteriormente sob a qual a economia não pode prescindir do crédito na troca de bens, mas pode garantir de tal forma que ele não apareça externamente como crédito.

Lembro-me de ter discutido uma vez com um colega, um daqueles poucos diretores de banco que sabem algo sobre dinheiro, sobre se o dinheiro realmente deveria ser considerado uma 'garantia'. Meu colega concordou comigo que o dinheiro em si não era uma consideração definitiva por um bem vendido ou um serviço prestado, mas apenas um instrumento que garantia o direito creditado à consideração. No entanto, ele pensava que o dinheiro que garantia essa reivindicação não deveria ser chamado de 'garantia', mas sim de 'ordem'. Pois fornece ao seu detentor o direito de adquirir bens de determinado valor do mercado - 'comprar' - e, assim, os atribui uma 'ordem' a ele. Portanto, o dinheiro não precisa ser composto por uma mercadoria valiosa, como ouro ou prata. Isso só seria necessário se realmente passasse de mão em mão como uma garantia de valor integral, mas não se fosse uma ordem/pedido de bens. Para uma ordem, é completamente suficiente que seja emitido por uma autoridade, como o governo do Estado ou um grande banco central. O material de que era feito era absolutamente irrelevante; o papel servia exatamente ao mesmo propósito que o ouro ou a prata.

Você vê a partir dessa disputa, querido James, o quão importante pode ser, em certas circunstâncias, considerar se o dinheiro é visto como um penhor que cobre o crédito relacionado a cada transação pelo seu valor material; ou se é visto como uma ordem na qual alguma autoridade certifica o crédito e atesta ao credor o direito de obter bens de valor correspondente. Pois, dependendo de como se encara o dinheiro, seja como um penhor completo ou como uma ordem das autoridades, se considerará o dinheiro de metal ou o dinheiro em papel como dinheiro real. Mas não quero me deter nessa questão hoje, pois há questões de princípio ainda mais importantes do que o quê o dinheiro deve ser. Você verá isso claramente quando estivermos mais adiante em algumas cartas. Por enquanto, portanto, não se preocupe em entender se o dinheiro realmente é um penhor para o crédito concedido.

Por outro lado, você deve aderir absolutamente aos seguintes princípios orientadores:

Nas transações econômicas, um serviço é sempre e sem exceção trocado por outro. No entanto, apenas uma entrega ocorre no presente. A outra ocorre apenas no futuro. Até esse momento futuro, existe uma relação de crédito, ou seja, um direito de uma parte (o vendedor) à contraprestação pendente da outra parte (o comprador). Esse direito é garantido por um instrumento de transação chamado "dinheiro". O dinheiro temporariamente ocupa o lugar da contraprestação pendente - seja como um penhor ou como uma ordem. Portanto, geralmente é considerado como a própria contraprestação. Como o dinheiro é constituído e quem o gastou é basicamente irrelevante. Há apenas uma coisa que importa, e é que o dinheiro cumpra completamente sua tarefa de garantir um direito aos bens. Se isso acontecer, é um dinheiro bom e de valor integral, mesmo que seja feito de papel barato. Se não cumprir sua tarefa, de modo que o portador perca todo ou parte de seu direito adquirido sobre os bens, então é um dinheiro inferior, mesmo que seja feito de metal e tenha sido emitido pela mais alta autoridade do estado com base nas leis vigentes. Isso é tudo por hoje.

Com amor,
Seu velho pai.

TERCEIRA CARTA

Dinheiro um direito

Tem 'muito pouco dinheiro'?

O Estado e o Dinheiro

Berlin, 5 de Janeiro de 1921

Há uma frase, meu querido James, que você não pode martelar com firmeza suficiente em sua mente. A frase que constitui a quintessência da minha carta anterior é: 'O dinheiro é a incorporação de uma reivindicação aos bens que surge porque alguém realizou algo, mas ainda não recebeu a contraprestação'. Ou, mais brevemente: 'O dinheiro incorpora a reivindicação a uma contraprestação equivalente decorrente de um serviço/produto'. Esta frase é o princípio fundamental de toda a teoria do dinheiro. A partir dela, tudo o que precisa ser dito sobre o dinheiro realmente se segue por si só. Se todas as nações memorizassem essa frase inofensiva e nunca violassem seu significado, não haveria miséria monetária e nem questão monetária no mundo inteiro.

Assim que a reivindicação à contraprestação, que toda troca de bens no mercado implica, é garantida pelo dinheiro, ocorre uma mudança externa com ela. Você percebe isso imediatamente se imaginar um caso concreto. Pense em um trabalhador que realizou um trabalho no valor de 200 marcos, ou seja, que adquiriu uma reivindicação a bens no valor de 200 marcos. Ele tem essa reivindicação exclusivamente contra seus empregadores até o dia do pagamento. (Até o dia do pagamento, todo trabalhador concede 'crédito' ao seu empregador). No entanto, no momento em que o empregador paga ao trabalhador os 200 marcos, a reivindicação contra ele deixa de existir. Os dois estão 'quites'. Mas isso não significa que a reivindicação em si seja extinta; pelo contrário, ela permanece incorporada em dinheiro, na mesma quantia de 200 marcos.

Agora, a reivindicação não está mais direcionada a um indivíduo, o empregador, mas sim à totalidade, ao mercado. O trabalhador agora pode receber a contraprestação prometida pelo seu trabalho onde e na forma que desejar. Ele pode comprar um par de botas do sapateiro, comida e charutos do comerciante, cerveja do dono do bar. Somente quando ele fizer isso e gastar seus 200 marcos é que sua reivindicação à propriedade é extinta. Somente então o propósito da troca é cumprido, que o trabalhador assumiu com seu empregador: ele trocou botas, comida, charutos e cerveja por seu desempenho no trabalho. O recebimento do dinheiro foi apenas uma etapa intermediária, que foi necessária porque o empregador não possuía os bens que o trabalhador desejava receber, pois exigia uma garantia de que o trabalhador realmente receberia os bens conquistados por seu trabalho em algum lugar.

Mantenha isso firmemente em mente, meu filho: Enquanto alguém não recebeu nada em troca de um serviço, nem mesmo na forma intermediária de dinheiro, ele tem apenas uma reivindicação sobre uma pessoa específica, ou seja, uma reivindicação sobre o destinatário de seu serviço. Nosso trabalhador, por exemplo, inicialmente tem uma reivindicação no valor de 200 marcos exclusivamente sobre seu empregador. Mas assim que a mesma pessoa recebe dinheiro por seu desempenho, ele tem uma reivindicação sobre o público em geral. Nosso trabalhador agora tem uma reivindicação sobre o mercado, que deve fornecer a ele botas, comida, cerveja ou qualquer outra coisa que o trabalhador possa escolher, até o valor de 200 marcos. No primeiro caso, ou seja, enquanto a pessoa que presta o serviço ainda tem uma reivindicação sobre uma pessoa individual ou um saldo de crédito com essa pessoa, a relação entre as duas partes é chamada de relação de crédito. No segundo caso, ou seja, quando o prestador de serviço recebeu dinheiro, não se fala mais de crédito, embora nada tenha realmente mudado na própria questão, mas sim de poder de compra.

Diz-se que o destinatário do dinheiro pode exercer tanto poder de compra no mercado quanto é expresso na quantia de dinheiro recebida. Estritamente falando, no entanto, ainda existe uma relação de crédito. O destinatário do dinheiro ainda tem sua reivindicação, apenas que ele não tem mais essa reivindicação contra uma pessoa individual, mas contra a totalidade que constitui o 'mercado'.

Agora chegamos ao ponto, querido James, em que sabemos o que o dinheiro é essencialmente e qual é a sua função mais importante. Para recapitular brevemente: O dinheiro representa um direito atestado de receber uma contraprestação que foi precedida por serviços correspondentes, e sua principal função é transferir essa contraprestação do 'mercado' para a pessoa com direito a recebê-la. Mas isso ainda nos deixa muito longe do nosso objetivo. Ainda estamos diante de uma série de questões não resolvidas. Há três perguntas em particular. Em primeiro lugar, quanto dinheiro, quanto poder de compra deve existir em um país? Em segundo lugar, quanto de mercadoria do mercado se recebe pela unidade monetária individual, ou seja, qual é o valor do dinheiro? E em terceiro lugar: Como o dinheiro é criado? Basicamente, todas essas perguntas se respondem assim que se vê no dinheiro apenas o que ele é, ou seja, um direito de referência, e sempre se lembra que nele está embutida uma contraprestação diferida. Mas como a lógica humana gosta de fazer saltos laterais, e cada desvio do caminho reto leva infalivelmente ao erro, devo ajudá-lo um pouco a encontrar as respostas que são realmente autoevidentes.

Em primeiro lugar, quanto dinheiro deve circular em um país? As visões mais peculiares sobre isso são disseminadas entre os economistas. A maioria deles acredita que a quantidade de dinheiro deve estar em uma relação bastante definida com a produção de bens, e que, portanto, com o aumento da produção, mais dinheiro deve ser colocado em circulação; se isso não acontecer, então ocorre uma "falta de dinheiro". Essa visão, assim como qualquer outra visão que veja o dinheiro como um artigo a ser aumentado ou diminuído de acordo com um plano, está fundamentalmente errada. É tão absurdo quanto a visão de que basta aumentar os registros de terras e cadastros de casas no país para eliminar a escassez habitacional. Certamente é possível aumentar ou diminuir objetos tangíveis, ou seja, casas e apartamentos. Mas não se pode duplicar ou reduzir à metade um direito abstrato. E o dinheiro não é nada além de um direito atestado. É - não se pode repetir isso o suficiente - o direito a algo em troca, que alguém adquire ao abrir mão de seu próprio trabalho. Para o trabalhador que vendeu seu trabalho pelo preço acordado de 200 marcos, o dinheiro que ele recebe em troca significa nada mais do que o direito de adquirir o valor correspondente através da compra de botas, comida, cerveja, etc. Seus 200 marcos correspondem exatamente à quantidade de bens para os quais ele adquiriu um direito através de seu trabalho. A cada compra que ele faz, seu estoque de dinheiro, ou seja, seu direito aos bens, é reduzido. Pois na quantidade de sua compra, ele recebe a contraprestação definitiva correspondente por seu trabalho, pela qual, é claro, ele deve abrir mão da contraprestação provisória, ou seja, o direito de receber bens incorporado no dinheiro; assim como no teatro você entrega seu vale ao guarda volumes, ai está seu direito de retirar seu casaco e seu chapéu, que se completa no momento em que recebe as coisas.

Toda pessoa que fez um ato de troca, mas ainda não recebeu o valor equivalente ao qual tem direito, possui dinheiro, ou seja, um direito certificado de receber o valor equivalente em espécie. E cada unidade monetária que existe no país significa que alguém ainda não recebeu uma contraprestação à qual tem direito. Portanto, nunca pode haver realmente 'muito' ou 'pouco' dinheiro. Sempre circula na economia do país a mesma quantidade de dinheiro que há atos de troca que foram realizados, mas ainda não foram completamente finalizados, mas permanecem em suspenso, por assim dizer.

Pois o dinheiro é precisamente o certificado de que um ato de troca foi apenas parcialmente concluído, porque a pessoa com direito a receber a contraprestação ainda não a tem em mãos; é ao mesmo tempo o documento legal que legitima seu portador a receber a contraprestação. Uma vez que o suprimento de dinheiro no país deve sempre ser exatamente tão grande quanto a soma de todas as contraprestações ainda não reivindicadas, não consigo, mesmo com a melhor boa vontade do mundo, ver como o suprimento de dinheiro pode ser aumentado ou diminuído pelo Estado. Cada novo símbolo monetário criado arbitrariamente significa um título legal para o pagamento de uma contraprestação, embora nenhuma contraprestação tenha sido realizada para justificá-lo. Ele certifica um ato de troca que foi deixado em suspenso e que na realidade não foi realizado de forma alguma, e é, portanto, até certo ponto uma falsificação. Por outro lado, qualquer redução arbitrária na circulação de dinheiro, qualquer destruição de símbolos monetários, significa o cancelamento de direitos adquiridos à contraprestação e, portanto, um ato de violência.

Eu poderia apostar, meu querido James, que conheço a objeção que você quer fazer aqui. 'Quando o estado cria novo dinheiro, ele possibilita um grande número de novos atos de troca. 'Milhares de pessoas que antes não podiam comprar agora podem fazê-lo. Surge uma demanda no mercado, que força os produtores a fabricar mais bens, o que aumenta a produção nacional. 'A quantidade aumentada de dinheiro é então igualada por uma quantidade aumentada de bens, de modo que a demanda incorporada no novo dinheiro possa ser totalmente satisfeita. 'Estou certo? Não é esse o seu raciocínio? Se não for, é a argumentação comum, e como ela soa extraordinariamente convincente, vou ter que lidar com ela, queira eu ou não.

Vamos ilustrar o assunto com um exemplo prático: Um estado em que um milhão de notas bancárias estão em circulação emite mais um milhão por algum motivo. Assim, emite certificados de direitos que, assim como os símbolos monetários já em circulação, conferem ao portador o direito de comprar bens. Pergunta: Para a compra de quais bens? Resposta: para a compra de todo tipo de bens; fica inteiramente a critério dos destinatários do novo dinheiro decidir quais bens eles desejam comprar no mercado com ele. Portanto, nos deparamos com o fato de que uma certa quantidade de bens de mercado, que até então não havia sofrido nenhuma mudança, é repentinamente confrontada com uma demanda duas vezes maior, pois os símbolos monetários antigos e novos afirmam o direito de subscrição neles incorporado. Em certo sentido, surge uma competição pelos bens. Obviamente, isso deve ter suas consequências. É um fato antigo e nunca contestado pela experiência que quando a demanda é duplicada e a oferta permanece a mesma, os preços dos bens aumentam. A duplicação dos símbolos monetários leva, portanto, a um encarecimento dos bens de mercado. Quão grande é o aumento de preço é uma questão de disputa científica. Para simplificar, vamos assumir que a demanda duplicada leva a um aumento de preço na mesma proporção. O resultado do aumento de dinheiro é que todo detentor de dinheiro antigo precisa pagar o dobro por suas compras em relação ao que pagava antes.

Aqui ouço outra interjeição: "Isso não é verdade! A nova

demanda estimula toda a produção a aumentar a atividade por meio do aumento dos preços. Como resultado, novas quantidades de bens aparecem no mercado em breve, o que contrapõe a demanda aumentada com uma oferta aumentada e reduz os preços em alta novamente." A interjeição não é totalmente injustificada. Esse efeito pode de fato ocorrer, ou seja, quando os donos de fábrica e seus trabalhadores são estimulados pelo aumento de preços a aumentar sua produção. Mas esse efeito não precisa ocorrer. Perceba que o aumento de preços leva a lucros consideravelmente maiores, que os lucros mais abundantes resultam em salários mais altos e que dessa forma surge uma facilidade de ganhos em toda a produção, que frequentemente não estimula a um aumento do trabalho, mas, ao contrário, há certa facilidade e indolência. Nessas épocas, muitas vezes há clamor pairando por uma jornada de trabalho de sete ou seis horas. Portanto, é muito fácil ocorrer uma diminuição, em vez de um aumento, na produção de bens. Mas mesmo que a produção realmente aumente e a oferta cresça, isso é sempre apenas a consequência gradual e hesitante do aumento imediato e impetuoso dos preços. O primeiro e certo momento é sempre o aumento de preços; a redução de preços é uma eventualidade posterior e muito questionável, que, além disso, no máximo ameniza um pouco o aumento de preços, mas nunca o impede totalmente. Portanto, já devemos nos conformar com o fato de que o aumento de dinheiro eleva os preços, e a única concessão que posso fazer, se necessário, é pressupor que o aumento não seja tão tempestuoso como mencionei anteriormente. Vamos supor, então, em nome de Deus, que um aumento de 100% no dinheiro resulte apenas em um aumento de 50% nos preços.

Mas o que isso significa, querido James, se todos os portadores de dinheiro antigo têm que pagar 50% a mais por cada compra do que costumavam? O que isso significa se, para permanecer com o nosso exemplo, o trabalhador não recebe mais botas, mantimentos, charutos e cerveja por suas 200 marcos como costumava receber, mas apenas mantimentos e charutos, por exemplo, de modo que ele tenha que ficar sem botas e cerveja? Isso significa nada mais do que, ao aumentar seu dinheiro, ele foi privado à força de parte da contraprestação que ganhou com seu trabalho, que ele foi expropriado em certa medida. Naturalmente, ele tentará se proteger aumentando sua tarifa de trabalho e agora exigindo um salário de 300 marcos, ou seja, reivindicando tantos direitos quanto forem necessários para poder obter as mesmas quantidades de bens de antes. No entanto, raramente ele consegue fazer isso completamente. E quando ele consegue, é às custas de outras classes da população, como funcionários públicos, aposentados do estado, pensionistas. Pois o fato não pode ser eliminado de que o novo milhão de símbolos monetários criados pelo estado são apropriados por quantidades de bens nos quais o milhão de símbolos monetários antigos foram divididos no primeiro momento. Algumas classes de pessoas devem necessariamente arcar com os custos e aceitar o fato de que seu direito à contraprestação bem merecia ser reduzida em um terço ou mais.

Mas isso não deve e não pode ser, meu filho! O dinheiro é um direito e não deve se tornar uma injustiça. É por isso que o Estado nunca deve se permitir criar ou destruir dinheiro arbitrariamente, pois ao fazê-lo, cria ou destrói direitos adquiridos sobre bens. A onipotência do Estado no campo monetário é um assunto especial. É uma onipotência que se assemelha à impotência tanto quanto um ovo se assemelha a outro. Pois se você aprofundar-se sobre o que acabei de explicar, fará uma descoberta muito curiosa, e sinto muito em não poder ver o seu rosto surpreso ao fazê-la. Ou não é uma descoberta surpreendente que o Estado não pode criar dinheiro de forma alguma, não importa o quanto tente? De fato, é assim. Mas o que o Estado pode fazer é produzir novos sinais de dinheiro mecanicamente. No entanto, esses símbolos monetários não cumprem o propósito do dinheiro; eles não conferem às pessoas novos direitos sobre bens, não as tornam nem um pouco mais poderosas, mas apenas transferem direitos há muito existentes sobre bens, poder de compra há muito existente, de seus legítimos proprietários para outras pessoas. Eles desviam uma certa parte do direito de compra de bens, que pertence à comunidade nacional e é garantido no dinheiro antigo, e emprestam essa parte aos portadores dos novos símbolos monetários emitidos. Ao produzir tais símbolos monetários, o Estado apenas dá a um o que tira de outro. Ele não é capaz de criar nada novo dessa maneira. Em poucas palavras: o Estado não cria novo dinheiro emitindo símbolos monetários, mas taxa uma parte da população em favor de outra.

É assim que as coisas são, querido James. É apenas uma ilusão acreditar, diante das montanhas de dinheiro em notas em que estamos ameaçados a sermos sufocados, que o Reich Alemão criou 70 bilhões de marcos de novo dinheiro nos últimos anos com a ajuda do Reichsbank. Claro, as notas estão lá, não há dúvida sobre isso. Mas elas não são dinheiro novo. O poder de compra inerente a elas nem sequer é tão grande quanto o poder de compra dos quatro ou cinco bilhões de marcos em moedas e notas que circulavam na Alemanha em 1914. E mesmo o pequeno poder de compra que elas realmente representam não vem do Estado, não foi injetado nelas pelo poder criativo do governo, mas é o mesmo poder de compra que costumava estar nos quatro ou cinco bilhões de moedas e notas antigas e pertence legitimamente aos detentores desses poucos bilhões. O fato de que a maior parte do poder de compra foi transferida à força, do dinheiro antigo para os novos produtos, proveniente da impressora de cédulas, e o valor artificialmente atribuído a eles só pode ser chamado eufemisticamente de "política monetária". Mais corretamente, é um ato brutal de expropriação. E a única coisa que o Estado pode fazer em relação ao dinheiro. Ele só pode expropriar dinheiro, ou seja, direitos de propriedade, nunca criá-los.

Mas o fato de que o Estado não é capaz de criar dinheiro quando acredita ser necessário não causa absolutamente nenhum dano. Pois o dinheiro não é um fim em si mesmo, mas apenas um meio para o fim de facilitar o comércio, e em todo país onde o Estado não faz nada tolo, sempre há exatamente a quantidade de dinheiro necessária para esse propósito. O sistema monetário se regula automaticamente, e o Estado não tem mais nada a fazer além de manter a máquina do dinheiro tecnicamente em ordem. Não há espaço para atividade criativa aqui, e é um erro fatal de muitos economistas crer que o dinheiro é uma criação do sistema jurídico do Estado.

Mas de quem é realmente essa criatura, o dinheiro? Tenha paciência por alguns dias, meu filho, e você saberá. Por hoje, minha caneta se recusa a continuar seu serviço.

Com amor,
Seu, muito cansado, pai.

QUARTA CARTA

O Dinheiro Possui Valor Intrínseco?

Dinheiro Real e Dinheiro Fictício

Berlin, 8 de Janeiro de 1921

Espero que agora você esteja ciente de duas coisas, querido James. Primeiro, que cada unidade monetária representa um direito, um direito certificado de subscrição; segundo, que a quantidade desses direitos, a quantidade de dinheiro em circulação, nunca é excessiva nem insuficiente, mas sempre corresponde exatamente à necessidade real. Quão grande é essa necessidade e qual a quantidade absoluta de dinheiro que circula no país como resultado, veremos essas questões em alguns dias, quando abordaremos a interessante questão de como o dinheiro é criado. Até lá, precisamos deixar algumas coisas por conta própria; por exemplo, o fenômeno peculiar de que em todos os países e em todos os momentos parece haver sempre muito pouco dinheiro, independentemente de haver 1 milhão ou 100 bilhões de notas em circulação no país. Sei muito bem que esse fenômeno universal o deixa curioso, embora você suspeite que haja algum equívoco por trás disso. Mas não podemos lidar com todos os detalhes de uma só vez, mas devemos sempre abordar uma coisa de cada vez. Uma vez que as questões principais tenham sido esclarecidas, muitos erros nos detalhes desaparecerão por si só.

A primeira questão principal foi a quantidade de dinheiro; minha última carta a abordou de forma geral, e agora podemos nos voltar para a segunda questão principal: qual é o valor do dinheiro? Na verdade, você deveria ser capaz de lidar com essa pergunta sozinho. Pois assim que você percebe que o dinheiro não é nada mais do que um direito atestado, um direito de receber bens, você deve perceber sem mais delongas que a própria pergunta é sem sentido. Um "direito" abstrato nunca pode ter um "valor" concreto. Certamente pode transferir o valor que qualquer coisa possui de uma pessoa para outra, pode regular a propriedade desse valor, mas não pode incorporar o valor em si mesmo. Você não deve se deixar enganar pelo fato de que existe dinheiro de um determinado tipo que realmente tem aproximadamente o valor concreto que atesta, de modo que, por exemplo, uma soberana inglesa e uma coroa dupla alemã não apenas representam um direito de subscrição no valor de 20 xelins e 20 marcos, mas também realmente possuem esse valor em virtude de sua natureza física, porque são feitas de ouro. Nesse caso, não é o dinheiro, não é o direito de comprar bens, que tem um valor intrínseco, mas apenas o metal sobre o qual o direito de compra é atestado (por cunhagem). Se por acaso você tiver guardado uma coroa dupla do período pré-guerra em nosso presente de papel, você pode imediatamente testá-la fazendo com que a peça de ouro seja derretida. Embora o ouro não seja mais uma coroa dupla, não seja mais dinheiro, ainda tem o mesmo valor de antes, ou seja, 20 marcos de ouro ou 4 3/4 dólares. As notas de vinte marcos de papel, por outro lado, que você ainda possui do período pré-guerra, afundaram muito, muito abaixo desse valor. Se o dinheiro realmente derivasse seu valor de si mesmo, de sua qualidade como dinheiro, então os dois *tokens* [2] de dinheiro, um representando 20 marcos como o outro, teriam que ter exatamente o mesmo valor. Na verdade, apenas a coroa dupla manteve seu antigo valor de 20 marcos de ouro = 4 3/4 dólares, e isso porque sempre foi algo além de dinheiro, ou seja, ouro, ou seja, uma mercadoria de valor muito especial e estável. Então, temos que reformular a pergunta de forma diferente, meu querido. Não precisamos perguntar: "Qual é o valor do dinheiro?" Mas sim: "Quão grande é o direito a bens que o dinheiro garante?" Colocado assim, no entanto, a pergunta se responde por si só.

Para o que é a sentença fundamental que você precisa memorizar se você quiser evitar minha ira paternal e ignorância permanente do sistema monetário? É: "O dinheiro incorpora o direito a um serviço equivalente em troca de um serviço prestado." A partir disso, segue-se sem mais delongas que o direito a bens que o dinheiro garante, ou o valor ideal que ele tem para seu proprietário, é exatamente igual ao valor da prestação anterior.

Isso pode parecer para você como se basicamente não dissesse nada, mas fosse apenas um jogo de palavras. Pois sabemos o valor da prestação anterior tão pouco quanto o valor da contraprestação seguinte. No entanto, na realidade, esta é uma observação muito, muito importante que nos leva a uma compreensão de extraordinária significância. Se for verdade que o 'valor do dinheiro' – e por uma questão de brevidade, vamos nos ater a esta expressão não totalmente correta - é igual ao 'valor do serviço' pelo qual seu detentor o recebeu, então não é menos verdade que hoje, quase em toda a Europa, não há mais dinheiro.

Eu peço, meu querido, para não considerar isso como uma piada. Por mais que isso possa te surpreender, é de fato literalmente verdade que hoje só em muito poucos países existe dinheiro real e genuíno, ou seja, um meio de pagamento que cumpre a primeira e mais importante tarefa do dinheiro, que é preservar o valor total do serviço até que o serviço em troca seja recebido, deixá-lo ressurgir no serviço em troca, por assim dizer. O dinheiro que você vê circulando hoje, não apenas na Alemanha, mas também em países com moedas relativamente boas, como Inglaterra, Holanda, Suíça, cumpre muitas das tarefas que o dinheiro real cumpre, mas falha no principal. Ele não oferece a seu portador a garantia de que ele realmente receberá o valor acordado em troca de uma mercadoria que ele entregou ou um serviço que ele prestou. Pense, por exemplo, no trabalhador que mencionei várias vezes em minha carta anterior.

Três anos atrás, quando ele recebeu 200 marcos por seu trabalho, ele recebeu o valor de um par de botas, além de alimentos, charutos e cerveja para suas necessidades por cerca de duas semanas. Sabendo que ele poderia trocar os 200 marcos por esses bens a qualquer momento, ele exigiu pagamento por seu trabalho nesse valor e não mais alto. Se ele esperou agora para adquirir as coisas e manteve o dinheiro "economizando" para apenas hoje se apossar de todos os bens pelos quais deu seu desempenho há três anos, ele vê com surpresa que os bens não estão mais ao seu alcance. Na melhor das hipóteses, ele consegue um par de botas pelo seu dinheiro. Ele é privado de alimentos, charutos e cerveja. "O dinheiro não tem mais nenhum valor", diz ele amargamente, e com isso ele quer dizer que o dinheiro não cumpriu seu propósito de garantir para ele o valor total de seu serviço até o dia em que ele reivindica o serviço em troca. Um dinheiro que não cumpre esse propósito, mas reduz a reivindicação incorporada nele, não é dinheiro real, mas uma imitação imperfeita. E hoje toda a Europa está inundada de tais imitações. As imitações não são em todos os lugares tão ruins como na Alemanha, Áustria ou mesmo na Rússia, onde elas reduziram a reivindicação incorporada a um décimo, um quinquagésimo ou um milésimo. Mas mesmo na Inglaterra, Suíça, Holanda, etc., onde a reivindicação ainda é de metade a três quartos de seu valor original, o dinheiro que a reduziu dessa forma não é dinheiro real, mas dinheiro fictício.

O dinheiro genuíno é apenas aquele que preserva inalterada para seu portador a reivindicação a uma consideração decorrente de um serviço. Pois, de acordo com seu propósito e essência, o dinheiro não é nada além de uma reivindicação legal. O fato de que ele também cumpre uma série de outras funções, como permitir que a reivindicação legal passe de mão em mão, não tem importância além do propósito principal, e assim que ele não cumpre esse propósito, ou o cumpre apenas de forma inadequada, ele deixa de ser dinheiro, não importa o quanto ainda possa cumprir as outras funções.

Vamos recapitular, querido James. Como o dinheiro é uma reivindicação de consideração, o seu 'valor' é exatamente tão grande quanto essa consideração. E como sua primeira e mais importante tarefa é garantir que o serviço em troca seja igual ao serviço anterior, o 'valor' do dinheiro também é exatamente tão grande quanto esse serviço.

'Até onde isso é verdade, é basicamente uma questão óbvia', você poderia interpor aqui. "Além disso, nem mesmo me parece completamente correto. As botas e mantimentos, por exemplo, aos quais nosso trabalhador, que foi mencionado várias vezes, tem direito, podem se tornar escassos e caros devido a uma escassez de couro ou uma colheita ruim. Nesse caso, o trabalhador perde parte de seus direitos. O dinheiro que representa os direitos então só é suficiente para alimentos, charutos e cerveja, mas não mais para botas. Assim, corresponde a uma consideração que é menor do que o desempenho original, enquanto deveria garantir o valor do mesmo. Portanto, mesmo o dinheiro real não é capaz de garantir totalmente uma reivindicação de bens por toda a duração'.

Vou começar com a segunda objeção, o que me dá uma oportunidade de corrigir um ponto importante. Se eu disse que o empregador paga ao trabalhador por seu desempenho de tal maneira que garante a ele - ao dar-lhe 200 marcos - o direito a botas, alimentos, charutos e cerveja, isso, admito prontamente, não está totalmente correto. Eu apenas especifiquei o processo dessa forma precisa em prol da clareza. Na realidade, os 200 marcos do empregador não constituem uma garantia de que os objetos que estão disponíveis por 200 marcos no momento de sua dispensa, também estarão disponíveis para eles eternamente. O dinheiro sempre garante a reivindicação de consideração apenas dentro de um certo contexto.

Ao dar 200 marcos, o empregador deixa para o trabalhador uma parte muito definida das reivindicações de bens existentes no país naquele momento, digamos um milionésimo de todas as reivindicações. Hoje, esse milionésimo significa um par de botas e uma certa quantidade de alimentos, charutos e cerveja, mas amanhã pode significar mais ou menos. Isso depende inteiramente da maior ou menor capacidade produtiva no país, que é determinada, entre outras coisas, por causas elementares.

Mesmo o dinheiro real, que merece o nome de 'dinheiro', não pode proteger a reivindicação de bens contra essas flutuações. Por exemplo, não pode evitar a invenção de um método que torne possível produzir um par de botas em um décimo do tempo de trabalho atual, de modo que o trabalhador, em vez de obter apenas um par de botas, pode um dia obter dois ou três. Esse momento de incerteza, no entanto, fica em segundo plano em relação à garantia que o dinheiro realmente oferece, que consiste no fato de que ele garante permanentemente ao seu detentor uma parte fixa de todas as reivindicações de bens existentes no país. Nosso trabalhador não tem direito a uma quantidade específica de botas, alimentos, etc., mas ele tem direito a um milionésimo do total das reivindicações do país.

Mesmo que esse milionésimo às vezes corresponda a uma quantidade maior ou menor de bens, essas flutuações tendem a ser tão pequenas e se equilibram ao longo do tempo que, na prática, mal são consideradas, mesmo em acordos para 50 ou 100 anos. Mas, observe bem, isso só acontece onde circula dinheiro real e genuíno. Somente esse dinheiro garante ao seu detentor a reivindicação parcial a que ele tem direito, garantindo assim ao trabalhador, para permanecer com nosso exemplo, que ele é e permanece o proprietário de um milionésimo de todas as reivindicações de bens.

O dinheiro fictício que vemos agora circulando em quase todos os países não oferece essa garantia, mas aumenta as reivindicações de bens de forma arbitrária, de modo que após um curto período de tempo, nosso trabalhador não possui mais um milionésimo, mas, dependendo do grau de arbitrariedade, apenas um décimo do milionésimo ou um centésimo do milionésimo de todas as reivindicações, ou seja, um décimo ou um centésimo do poder de compra ao qual ele tem direito legalmente.

Agora, em relação à sua objeção de que a igualdade de valor entre dinheiro, desempenho e contrapartida é uma questão óbvia. Certamente é autoevidente que o dinheiro, que não passa de um direito de referência a uma consideração, tem o mesmo 'valor' que esta última. E também é autoevidente que, enquanto a consideração tiver o mesmo valor que o desempenho anterior, o dinheiro também é 'igual em valor' a este último. Infelizmente, esse fato autoevidente é a única resposta que posso dar à pergunta sobre o 'valor' do dinheiro. Pois o dinheiro não tem um valor intrínseco e, uma vez que é apenas um direito, não pode tê-lo.

"Mesmo se o dinheiro for feito de metal precioso?" Ouço você perguntar em sua mente, embora eu já tenha respondido isso. Então, mais uma vez: Não, meu filho, nem mesmo assim. Uma dupla coroa de ouro que você joga no cadinho tem um certo valor não porque é dinheiro, mas porque é feita de ouro, ou seja, um metal desejável. Se a dupla coroa circula no país como meio de pagamento, é exatamente a mesma coisa: seu conteúdo de metal, não sua propriedade monetária, torna-a valiosa. No entanto, neste último caso, ela possui, além de seu valor intrínseco, o valor derivado que todo token monetário tem em sua capacidade como garantia de uma reivindicação legal, ou seja, o valor que também está presente em um meio de pagamento em papel. Mas isso, como vimos, não é um valor real de fato, mas apenas um 'valor' entre aspas, um reflexo, por assim dizer, do valor de mercadoria ao qual o dinheiro concede uma reivindicação. Portanto, chegamos à conclusão: o dinheiro não possui valor em si mesmo; mas apenas garante a reivindicação a um certo valor de mercadoria. E mesmo esse valor de mercadoria não é uma quantidade fixa, mas flutua com a quantidade de dinheiro em circulação. Cada token monetário concede ao seu detentor um direito a uma parte do estoque respectivo de bens de mercado. Se houver poucos tokens monetários, o estoque de bens é dividido em poucas partes, então cada parte individual é valiosa. Se houver muitos tokens monetários, cada um deles concede o direito apenas a uma pequena parte do estoque, representando assim um valor insignificante. Se alguém lhe perguntar o quão valiosa é uma única fatia de um bolo, certamente você responderá: 'Não posso dizer isso enquanto não souber em quantas porções o bolo foi dividido.' É o mesmo com a porção individual do estoque total de bens incorporada em um token monetário. Seu valor depende inteiramente de quantos tokens monetários o fornecimento total é dividido. A questão do 'valor do dinheiro' - por favor, sempre observe as aspas - é, portanto, basicamente uma questão de quantidade de dinheiro.

E com isso, boa noite!
Seu velho pai.

QUINTA CARTA

*O 'dinheiro', e os 'símbolos
de dinheiro'*

A migração do dinheiro

O dinheiro imortal.

Berlin, 10 de Janeiro de 1921

Então, agora, meu querido James, vamos abordar a questão de como o dinheiro é criado. Mas, observe bem, estou me referindo ao dinheiro real e genuíno, não ao dinheiro fictício que os Estados produzem em larga escala atualmente. A origem do dinheiro fictício não tem interesse algum. Tudo o que é necessário é uma consciência ampla e uma impressora. Mas, como eu já escrevi em uma carta anterior, o dinheiro real nunca pode surgir dessa forma. Um pedaço de papel não se torna dinheiro quando o Estado o designa como tal e força a população a considerá-lo como dinheiro. O dinheiro real surge como resultado de um processo econômico muito específico e sempre tem uma performance como pré-requisito. Ele não é uma criação do sistema legal do Estado ou da arbitrariedade do Estado, mas um produto do comércio. E, por mais trivial que seja saber o que um governo está pensando quando imprime suas notas coloridas, é interessante acompanhar o surgimento do dinheiro real.

Você e eu, todas as pessoas cultas, testemunhamos o nascimento do dinheiro todos os dias. No entanto, raramente vemos isso acontecer fisicamente. Isso parece intrigante, mas é algo natural. Basta visualizar o processo. Todo padeiro que vende um pão, todo artesão que realiza um trabalho, adquire para si um direito a bens. Se eles exercem imediatamente esse direito, ou seja, se o padeiro recebe um saco de açúcar pelo seu pão e o artesão recebe alguns charutos por seu trabalho, a transação não tem maiores consequências. Nós então chamamos isso de troca. No entanto, se os dois adiam a afirmação de seu direito, eles se tornam detentores de um direito de subscrição, que podem exercer a qualquer momento e de qualquer maneira, e então falamos de transações monetárias. Pois esse direito de subscrição não é nada além do dinheiro. No entanto, não vemos que dinheiro físico foi criado nessa ocasião. Pelo contrário, vemos que o dinheiro que o padeiro e o artesão recebem, e no qual o direito de subscrição está incorporado, já existe e apenas troca de mãos. Como isso é possível? No final das contas, se a afirmação de que o dinheiro surge de todo serviço que não é imediatamente compensado por um serviço em troca for falsa? E se for falsa, quando o dinheiro realmente surge? Pois, em algum momento, é claro, todo *token* monetário em circulação deve ter sido criado.

A questão se esclarece de uma maneira muito simples, meu querido James, assim que falamos corretamente e distinguimos os termos 'dinheiro' e 'símbolos monetários'. A maioria dos erros e mal-entendidos surgem do fato de que as pessoas associam conceitos diferentes a uma determinada palavra, ou seja, falam diferentes idiomas, por assim dizer, e, portanto, falam umas às outras sem se entender. Então, vamos nos entender corretamente: o direito a bens que uma pessoa possui, o poder de compra que ela exerce, é o 'dinheiro'. Eu já repeti para você várias vezes que o dinheiro não é algo material, mas algo insubstancial, ou seja, um direito. Para que esse direito seja respeitado, é claro que ele deve ser tornando exteriormente reconhecível de alguma forma. Pode, por exemplo, ser registrado em um livro público e transferido de uma pessoa autorizada para outra por meio de uma entrada de transferência. Nesse caso, o dinheiro ideal não assume uma forma física, mas apenas a forma abstrata de uma escrituração. Então se fala de 'dinheiro de giro'. Na maioria dos casos, porém, é preferível elaborar documentos sobre o direito e entregá-los aos beneficiários. Esses documentos são então 'símbolos monetários' ou 'meios de pagamento'. Infelizmente, o uso linguístico se acostumou a chamar esses documentos pelo mesmo nome do direito que eles certificam, ou seja, 'dinheiro'. Isso resulta em uma confusão contínua de termos, e você mesmo, meu filho, talvez tenha caído em uma confusão dessas. Pois você ficaria realmente surpreso por nunca ter visto dinheiro ser criado, embora milhares de direitos para retirar bens estejam sendo criados ao seu redor a cada hora, então você estaria simplesmente confundindo 'dinheiro' e 'símbolos monetários'. Assim que você se expressar corretamente, a suposta contradição desaparece. Pois o fato de que todos os dias em inúmeros casos novos direitos de referência, chamados dinheiro, estão surgindo, não significa necessariamente que um novo documento, chamando um sinal monetário, seja emitido para cada um desses direitos de referência. Pelo contrário, seria muito estranho se fosse o caso.

Por quê?

Bem, pense um pouco, meu querido. Basta abrir os olhos e observar a vida diária. O que acontece a cada compra e venda? Quando o padeiro vende um pão para o trabalhador, surge um direito legal à consideração para o padeiro com base nessa performance. Mas isso está longe de ser tudo. Outro processo acompanha isso. O padeiro que vende o pão é confrontado com o trabalhador que o compra, não é? Para ele, também, o ato tem um significado econômico. Ou seja, por meio da compra,

símbolos monetários que se movem de uma mão para outra, e não aqueles que aparecem pela primeira vez em circulação. Portanto, ainda não sabemos como os símbolos monetários físicos realmente surgem. E o mesmo acontece com o dinheiro conceitual, o direito legal ideal à consideração. Só sabemos desse direito legal que ele forma, por assim dizer, a segunda metade de todos os atos de compra e o pagamento provisório por todos os serviços; portanto, só sabemos o quê, não o como.

Por outro lado, aprendemos algo mais, algo muito importante: um direito a bens que existe uma vez é algo que normalmente não desaparece novamente, mas sempre apenas vagueia, sempre se coloca novamente entre a performance e a contraperformance e é, por assim dizer, imortal. Assim como você nunca testemunhou a hora do nascimento do dinheiro, também nunca testemunhou sua hora da morte, a menos que um de seus amigos tenha usado uma cédula como fósforo brincando, sob a influência do vinho, e assim tenha feito um direito a bens se dissipar em fumaça.

Mesmo nesse caso, o direito de subscrição representado pelo dinheiro é extinto apenas para o titular individual, mas não para o todo. Ou você acredita que em todo o mundo algum bem não encontra comprador e estraga apenas porque seu amigo queimou seu direito a esse ou a outro bem? Não, o direito incorporado no sinal monetário queimado é realmente imortal. Se seu legítimo titular renuncia ao seu exercício, ele automaticamente passa para os detentores dos outros direitos de subscrição. Pois cada direito de subscrição individual não é de um valor fixo, mas de uma parte tão e tal dos direitos de subscrição, representando assim um direito a bens que é tanto maior quanto menor for o número de direitos de subscrição existentes.

Isso por sua vez leva a uma observação muito interessante: o fato de que o Estado não pode destruir o dinheiro, mesmo que queira. Ele pode, é claro, reduzir o número de cédulas em circulação, ou seja, retirar e recolher algumas milhões de cédulas. Mas ao fazer isso, ele apenas faz exatamente a mesma coisa que seu amigo com seu fósforo. Ele retira dos indivíduos os direitos incorporados nas cédulas, mas esses direitos não desaparecem, mas se acumulam para os detentores das cédulas restantes. Cada uma dessas cédulas agora representa uma parcela maior do total de bens. É comum dizer: 'O dinheiro se tornou mais valioso', e isso está correto. O direito a bens, o poder de compra, que são garantidos pelo dinheiro, de fato aumentaram em proporção à redução numérica das cédulas.

Se, então, expliquei a você em uma carta anterior que o Estado não pode, por vontade própria, criar dinheiro, ou seja, direitos de propriedade, mas só pode transferir direitos de propriedade de longa data para outras pessoas, ou seja, expropriá-los, você vê aqui o contraponto disso: O Estado não pode destruir o dinheiro existente, direitos de propriedade circulantes, mas só pode transferi-los para outras pessoas, ou seja, reestruturar os direitos de propriedade. A única diferença é que, no primeiro caso, a totalidade dos bens é distribuída entre um número aumentado, e no segundo caso, entre um número reduzido de titulares, o que, em um caso, significa uma desvantagem e, no outro, uma vantagem para os detentores individuais de dinheiro. A partir disso, você pode ver mais uma vez que o 'valor' do dinheiro nunca é absoluto, mas está sempre intimamente relacionado à quantidade de dinheiro e flutua com ela.

Agora que você viu, querido James, que o dinheiro na economia parece se assemelhar a um inquieto *Ahasver*[3], que não nasce e não morre, mas vagueia eternamente, certamente está ansioso para descobrir o que realmente acontece com a gênese e o fim do dinheiro. Pois, uma vez, isso é certo, até mesmo um *Ahasver* deve nascer e morrer. Posso, portanto, presumir que você está ansiosamente aguardando minha próxima carta, que será enviada amanhã.

Com amor,
Seu pai.

SEXTA CARTA

Nascimento do Dinheiro

A Parteira do Estado

Dinheiro e Ouro

Berlin, 11 de Janeiro de 1921

Não faz mal, querido James, termos que recapitular um pouco, mais uma vez. Então: o dinheiro é um direito de referência aos bens. Esse direito de referência surge quando alguém entrega ou realiza algo, ou seja, quando, por exemplo, um trabalhador entrega seu produto ao empregador; por meio da entrega, surge um direito a uma contrapartida equivalente, ou seja, um direito de referência aos bens, e esse direito de referência é chamado de 'dinheiro'. Se o fornecedor ou prestador de serviços tiver afirmado seu direito à consideração, ou seja, se nosso trabalhador trocou um par de botas, mantimentos, charutos, etc. por seu dinheiro, então o processo econômico de troca de desempenho e consideração terminou, e o direito de referência que mediou a troca expirou.

Na realidade, o dinheiro deveria surgir e desaparecer muitas milhares de vezes por dia. Pois cada um dos inúmeros serviços no tráfego diário gera um novo direito aos bens, chamado dinheiro, e cada umas das igualmente inúmeras *contraprestações* destrói esse direito novamente. No entanto, o convívio humano é muito prático para aplicar um procedimento tão complicado. Seria um tráfego infernalmente complicado, em que cada venda de um rolo de tecido levaria à produção de dinheiro e cada compra de um rolo de tecido à destruição do dinheiro.

Pelo contrário, as relações de trocas ajudam-se, de tal forma que se tornam objetos, por assim dizer, o direito de referência representado pelo dinheiro, tornando-o um objeto independente da troca de bens, que continua a existir silenciosamente mesmo se o direito subjetivo de referência do seu respectivo titular expirar. Não é necessário criar dinheiro novamente assim que o trabalhador recebe seu salário semanal e destruí-lo novamente assim que ele compra botas e comida com ele. O objetivo pretendido pode ser alcançado de forma muito mais conveniente transferindo sempre o dinheiro, que agora se tornou um instrumento independente de circulação, da mão da pessoa cujo direito expira para a mão de sua contraparte que adquiriu um direito correspondente. Portanto, cada vendedor não recebe dinheiro recém-criado do comprador, mas dinheiro que há muito tempo está fixado e representa um direito de referência e consideração aos bens que também existem há muito tempo. Em outras palavras, o dinheiro é permitido a vagar. Não é criado e não perece, mas circula.

Essa é a regra. No entanto, essa regra deve ter suas exceções, afinal, o dinheiro não pode se comportar de maneira diferente de todas as outras coisas, que todas têm um começo e um fim: por um lado, cada sinal concreto de dinheiro necessariamente deve ter surgido, assim como o direito de referência abstrato nele incorporado. Mas quais são as circunstâncias em que ele surge?

Devemos ter cuidado para não tomar a prática monetária atual na Alemanha e em outros países como modelo. A produção mecânica de dinheiro nesses países não tem absolutamente nada a ver com a criação de dinheiro real e genuíno, que é sempre orgânica. O dinheiro que nossas impressoras despejam é dinheiro falsificado, assim como as ações que um diretor desonesto de uma empresa imprime e que não são correspondidas por um aumento correspondente nos ativos da empresa são ações falsificadas. Tanto o dinheiro quanto as ações carecem da causa econômica de lastro que os tornam documentos genuínos.

O fato de o público não perceber a ilegitimidade da emissão, tanto em um caso quanto no outro, e considerar tanto o dinheiro assim como as ações, não percebidas, como 'totalmente válidas', não altera o fato de que ambos são falsificações da realidade.

Uma vez que o dinheiro não é uma reivindicação aos bens em si, mas uma reivindicação aos bens de um tipo muito especial, e uma vez que isso necessariamente pressupõe que tenha sido precedido por uma performance equivalente, as notas de papel que as gráficas produzem sem causa econômica, simplesmente por ordem do Estado, estão longe de serem 'dinheiro'.

O dinheiro, ou seja, uma reivindicação economicamente justificada aos bens, sempre surge quando, e somente quando, alguém realizou algo, mas ainda não recebeu a contraprestação. Ele é idêntico à reivindicação legal à contraprestação pendente. A existência de tal reivindicação legal deve, é claro, ser declarada por alguém, formalmente certificada, e normalmente ninguém é mais qualificado para realizar a certificação do que a autoridade de um Estado constitucionalmente encarregada dessa tarefa especial. Mas, essa é também, a única ajuda que o Estado pode e deve dar na criação de dinheiro. Sua capacidade e autoridade se limitam apenas a autenticar uma nova reivindicação que surgiu sem sua intervenção e a prescrever a forma externa na qual ela deve ser expressa (dinheiro metálico, papel-moeda ou livro de contas, denominações pequenas ou grandes, etc.). Ele não tem nem o poder nem a habilidade de criar uma reivindicação de propriedade. Para colocar de forma drástica, o governo é apenas a parteira que recebe o novo cidadão ao mundo e o prepara para a vida, nunca a mãe que o dá à luz.

A melhor maneira de reconhecer as circunstâncias sob as quais o dinheiro real, nascido da circulação, surge é por meio de um processo concreto do cotidiano.

O trabalhador que tem uma reivindicação salarial de 200 marcos e exige de seu empregador o correspondente direito de receber bens na forma usual de dinheiro geralmente está satisfeito com o 'dinheiro errante'. O empregador entrega a ele meios de pagamento que ele mesmo recebeu quando vendeu seus bens manufaturados (por exemplo, machados) a um comerciante, este por sua vez obteve o dinheiro ao vender um estoque (por exemplo, madeira), e assim por diante, passando por diversos artesãos e pessoas até chegar um dia às mãos do trabalhador. Cada uma dessas pessoas recebeu o dinheiro quando realizaram algo e o entregaram novamente para trocar a consideração por bens. Em outras palavras, eles o receberam quando produziram e o entregaram quando consumiram. Pode-se rastrear o caminho que o dinheiro percorreu através de inúmeras etapas de produção e consumo, mas eventualmente o caminho se perderá em algum lugar nebuloso. Raramente se encontrará o ponto em que o dinheiro começou sua jornada, o local onde ele nasceu.

Além desse curso normal de eventos, também há outra possibilidade. O empregador, que deve ao trabalhador e a dez mil de seus colegas 200 marcos cada, não está em posição de dar às pessoas o dinheiro. Ele possui 'capital', ou seja, instalações de fábrica, máquinas, estoques etc., mas não possui direito a bens, não possui 'dinheiro'. Ele não vendeu nada recentemente, ou seja, não pagou nada, e, portanto não possui atualmente

48

uma reivindicação de consideração que possa atribuir aos trabalhadores.

Nesse caso, o empregador tem apenas a opção, sob a obrigação de pagamento, de realizar algo, ou seja, vender estoques em condições desfavoráveis, ou recorrer ao crédito (ou seja, tomar emprestado direitos de terceiros para comprar bens), ou finalmente produzir o dinheiro que ele não possui. As condições necessárias para a criação do dinheiro parecem estar presentes. Os trabalhadores, por meio de seu desempenho, criaram para si um direito a consideração, ou seja, um direito de receber bens, e o dinheiro, como vimos, nada mais é do que um direito garantido, um direito certificado de receber bens. Para que o direito legal dos trabalhadores se torne "dinheiro", nada mais é necessário do que o reconhecimento oficial e a garantia de legitimidade desse direito.

O empregador, portanto, vai ao órgão que o estado estabeleceu para esse fim e solicita que ele emita documentos sobre a validade do direito dos seus trabalhadores, que então representariam dinheiro e poderiam ser usados para pagamento. No entanto, o órgão levanta objeções. Ele explica ao solicitante que não pode reconhecer o direito dos trabalhadores sem mais delongas. Não pode certificar um direito de receber bens com base em uma simples declaração de duas partes. Não é por desconfiança, embora se fosse satisfeito com tal declaração, seria imediatamente inundado com inúmeras solicitações e teria que criar muitos bilhões de novo dinheiro. Mas porque não pode certificar algo impossível. Como poderia reconhecer direitos de propriedade como legítimos e legitimá-los por meio do selo estatal, se não recebeu prova de que a propriedade à qual o direito se refere realmente existe? Se deve certificar direitos de propriedade, deve ter a garantia incondicional de que os direitos também possam ser satisfeitos.

O dono da fábrica responde que os bens estão disponíveis porque os trabalhadores acabaram de produzi-los;

o direito que deve ser certificado para eles é precisamente a consideração por isso. Os trabalhadores criaram bens no valor de mais de 2 milhões de marcos e agora estão justificadamente exigindo a certificação de seu direito bem merecido a outros bens no valor de 2 milhões.

Mas o escritório estatal não concorda com essa linha de pensamento. Segundo eles, a questão de se os bens no valor de 2 milhões de marcos foram realmente criados pelos esforços dos trabalhadores só seria decidida no momento da venda. Pode acontecer que os bens tenham apenas metade do valor ou nenhum valor e sejam invendáveis. No momento - para dar um número - existem 100 milhões de marcos em circulação. Os detentores desses *tokens* monetários, que mudavam a cada hora, tinham um direito certificado a todos os bens atualmente no mercado. Não havia outra maneira de obter posse de um desses bens - além de roubo - senão entregando uma parte dos 100 milhões de marcos existentes em *tokens* monetários, cujos detentores eram de fato os únicos compradores autorizados desses bens de mercado. Se o escritório estatal quisesse certificar os milhões de novos direitos exigidos, então, em vez de 100 milhões de marcos, 102 milhões desses selos estariam em circulação e reivindicariam esses bens de mercado, que eram destinados apenas a 100 milhões.

Isso nem mesmo poderia ser o caso se os novos produtos produzidos pelos trabalhadores realmente e comprovadamente tivessem um valor de 2 milhões de marcos. Nesse caso, no entanto, haveria um aumento de 2 milhões não apenas no lado do dinheiro, mas também no lado dos bens. Mas, o exemplo não funcionaria. Pelo contrário, a situação seria a seguinte:

No momento, a quantidade total de bens que chega ao mercado dentro de um certo período de tempo, cujo valor gostaríamos de estabelecer em 10 bilhões de marcos, é correspondida por um estoque total de *tokens* monetários, ou seja, direitos sobre bens, no valor de 100 milhões de marcos. Esses 100 milhões trocam de dono em média 100 vezes no mesmo período. Quando o período expirar e a circulação do dinheiro terminar, os 100 milhões de marcos em *tokens* monetários terão consumido 100 vezes 100 milhões de marcos, ou seja, 10 bilhões de marcos em bens.

Até este ponto, o cálculo funciona perfeitamente. Mas se forem adicionados 2 milhões ao lado do dinheiro e 2 milhões ao lado dos bens, o cálculo fica assim: 10 bilhões + 2 milhões de bens = 100 milhões + 2 milhões de *tokens* monetários.

Assim, agora existem 10.002 milhões de marcos em bens para 102 milhões de marcos em dinheiro, ou seja, para cada unidade de dinheiro, agora existem cerca de 98 unidades de bens. Em outras palavras, o dinheiro antigo sofreu uma redução em seu poder de compra como resultado da certificação dos 2 milhões de marcos dos direitos de subscrição dos trabalhadores, ou seja, como resultado da criação de 2 milhões de marcos de novo dinheiro.

A razão para isso, é o que conduz o escritório estatal ao proprietário da fábrica, é que os 2 milhões de marcos de bens recém-criados aparecem apenas uma vez no mercado, satisfazem uma única reivindicação de bens aqui e depois desaparecem para sempre, se dissolvendo no consumo. Os 2 milhões de novas reivindicações de bens, por outro lado, que devemos autenticar e reconhecer como dinheiro legítimo, vivem eternamente, por assim dizer. Eles intermediam uma compra após outra, entram sempre de novo no mercado com seu poder de compra e assim desempenham sua função não apenas cem vezes, como no exemplo dado, mas mil vezes, cem mil vezes, inúmeras vezes. Ao reconhecer os 2 milhões de marcos de novos *tokens* monetários, teríamos, portanto, o efeito de que muitos bilhões de novas reivindicações de bens poderiam ser afirmadas pouco a pouco, enquanto os bens com base nos quais devemos certificar as reivindicações, como eu disse, são apenas suficientes para cobrir uma reivindicação única de 2 milhões de marcos.

Portanto, diz o escritório estatal, só podemos certificar a reivindicação de bens sob duas condições. Em primeiro lugar, deve ser comprovado para nós que o desempenho com base no qual são emitidas instruções para a contraprestação, ou seja, novos direitos de subscrição, novos *tokens* monetários, realmente produziu bens no valor de 2 milhões de marcos e que permanecem com valor de 2 milhões de marcos.

Em segundo lugar, esses bens de valor estável devem ser entregues a nós em espécie. Pois se exigimos das pessoas que reconheçam os novos direitos de subscrição e entreguem produtos valiosos em troca, devemos dar-lhes a certeza de que podem trocar o direito de subscrição a qualquer momento por um bem de valor total. Devemos garantir-lhes que sempre trocarão 100 unidades completas de bens por 100 unidades de dinheiro e não, como em nosso exemplo, apenas 98 unidades de bens, ou mesmo, como acontece atualmente na Alemanha, apenas 6 ou 8 unidades de bens.

Portanto, os bens correspondentes aos novos *tokens* monetários de 2 milhões de marcos devem ser entregues a nós. Em seguida, colocaremos nosso selo nesses bens e os transformaremos em marcos monetários; nesse caso, temos a garantia de que os bens aparecerão no mercado tão frequentemente quanto os marcos monetários, ou seja, cem vezes, mil vezes, inúmeras vezes, atendendo à demanda e não apenas uma vez; e todo detentor de dinheiro saberá que não sofrerá nenhuma perda, porque tem em mãos o valor em que o dinheiro é denominado na forma de um bem de valor igual. Ou então, para evitar que os bens se desgastem, nós os tomaremos sob nossa custódia e os substituiremos na circulação por *tokens* de papel. Esses *tokens* então circularão, por assim dizer, em nome dos bens, que, no entanto, permanecerão de posse dos detentores desses *tokens* monetários em papel e poderão ser retirados a qualquer momento. Atualmente, aliás, - diz o escritório estatal - apenas uma mercadoria é considerada adequada para comprovar um serviço de valor total e justificar a certificação de uma nova reivindicação a consideração, ou seja, o ouro. E isso por uma razão puramente externa, que é o fato de que a parte decisiva dos países estrangeiros paga apenas um preço mínimo fixo por esse metal, garantindo assim seu valor.

O dono da fábrica dá de ombros e vai embora. Pois ele não tem ouro. Portanto, para satisfazer seus trabalhadores, ele precisa necessariamente vender mercadorias em estoque com prejuízo, ou seja, adquirir dinheiro em circulação antigo, e abrir mão de dinheiro novo. O significado econômico desse processo é que apenas aqueles que têm uma reivindicação a um serviço em troca (neste caso, a carga de trabalho de 10.000 trabalhadores) são aqueles que já realizaram algo eles próprios e, portanto, possuem dinheiro, ou seja, uma reivindicação legal ao serviço correspondente em troca, ou aqueles aos quais um terceiro atribui sua reivindicação legal por meio de crédito. É um absurdo econômico exigir do Estado que ele certifique as reivindicações legais que o empresário individual não sabe como adquirir por meio do desempenho, ou seja, reivindicações que ele não possui na realidade, e entregar dinheiro novo ao homem, por exemplo, contra uma letra de câmbio. As "reivindicações legais" criadas dessa maneira são, na verdade, reivindicações ilegítimas, e o dinheiro que as representa é dinheiro falso. É o serviço que cria o dinheiro, não o Estado. O Estado não tem outra tarefa senão confirmar o surgimento de dinheiro a partir do desempenho por meio de seu selo.

Não é surpreendente, meu querido James, que essa teoria natural e não estatal do dinheiro, que não vê no dinheiro nem uma promessa nem uma ordem, mas um direito adquirido por meio de serviços, nunca tenha agradado aos comerciantes? O comerciante sempre acredita ter um direito divino a ainda mais dinheiro, a ainda mais direitos a bens, do que comprou por meio de seus serviços. Ele acredita que há "pouco" dinheiro no país - embora em todos os lugares haja tanto dinheiro, ou seja, tantas reivindicações legais a bens, quantas se soube adquirir - e, portanto, exige do Estado que entregue dinheiro novo, novos direitos de compra, em troca da promessa de pagamento posterior. Ele não sabe que o Estado não pode fazer isso, e infelizmente, muitas vezes o próprio Estado também não sabe.

Tanto o comerciante quanto o Estado acreditam que novos direitos, novos direitos a bens surgiram assim que o Estado ou seu banco imprime novas notas que se assemelham ao dinheiro anterior. Na realidade, porém, nenhum novo direito foi criado, mas partes foram retiradas dos direitos legais incorporados no dinheiro antigo em circulação, e essas partes foram emprestadas aos destinatários do novo dinheiro. Expropriou-se os detentores do dinheiro real exatamente na medida em que se deu aos detentores do pseudo-dinheiro. Não há mais nenhuma questão de "direito" aqui, apenas uma flagrante injustiça. O dinheiro real, que respeita os direitos legais existentes e representa um aumento nos direitos adquiridos honestamente a bens, um aumento real no poder de compra, só pode surgir da maneira como a agência estatal apócrifa disse no diálogo mencionado anteriormente com o empregador: uma performance deve ter ocorrido na vida comercial, da qual um bem surgiu que carrega em si a garantia da maior estabilidade possível de valor. Apenas aquela reivindicação a bens que se refere a esse bem especial é genuína, de valor total, dinheiro criado legalmente.

Com amor,
Seu velho pai.

SÉTIMA CARTA

*A multiplicidade de bens e
a escassez de dinheiro*

*Movimento útil, movimento
ocioso e preço*

*Força de produção e
oferta de dinheiro*

Berlin, 15 de Janeiro de 1921

D inheiro é sinônimo do direito securitizado que seu dono possui a uma determinada parte de todos os bens de mercado. Em certo sentido, é a chave segundo a qual todos os bens de mercado são distribuídos entre as pessoas. Muito dinheiro significa o direito a uma grande fração dos bens, pouco dinheiro significa o direito a uma pequena parte.

Isso é tão claro, meu querido James, que uma criança pode entender. No entanto, menos clara é a mecânica do processo de distribuição. Por exemplo, nos parece estranho que, por um lado, vejamos um enorme estoque de bens, mas, por outro lado, apenas um estoque relativamente pequeno de dinheiro. Isso se torna ainda mais estranho porque o estoque enorme de bens é constantemente reposto todos os dias, uma vez que novas quantidades de mercadorias estão constantemente chegando ao mercado, enquanto o estoque de dinheiro, muito menor, geralmente permanece mais ou menos o mesmo em condições normais. Como funciona a distribuição? Como a pequena oferta de dinheiro lida com as grandes quantidades de bens, e que mecanismo garante que cada indivíduo receba o seu direito, ou seja, o direito aos bens incorporados nas moedas?

Visto de cima, isso também parece ser bastante claro. Mesmo que as moedas sejam apenas em número relativamente pequeno, elas se multiplicam por meio de sua grande mobilidade. Apenas um momento atrás, vimos como elas lidaram com o volume de negócios de bens em um determinado ponto do tráfego, e já as vemos em outro ponto, onde estão novamente prestes a intermediar negociações. As mesmas moedas aparecem aqui e ali, e onde quer que estejam, elas sempre distribuem novas quantidades de bens. Quanto mais rápido elas mudam de mãos, mais móveis elas são, mais eficientes são; assim como uma tropa pequena, mas eficaz, alcança mais do que um exército grande, porém pesado. Portanto, para a eficácia das moedas, não é tanto o seu número que é decisivo, mas sim a frequência com que mudam de lugar, sua chamada "velocidade de circulação".

Mas o que isso realmente significa? Isso nos dá alguma compreensão sobre o significado dos processos econômicos se soubermos que o volume de negócios de bens de mercado é igual à oferta monetária multiplicada pela sua velocidade de circulação? Podemos tirar alguma conclusão confiável desse fato? Podemos concluir, por exemplo, que todo aumento na velocidade de circulação corresponde, sem mais delongas, a um aumento correspondente nas trocas de bens e na produção? Se fosse esse o caso, teríamos um meio esplêndido e muito simples de aumentar o volume de negócios e estimular a economia: só precisaríamos fazer o dinheiro circular rapidamente, ou seja, fazer os pagamentos de salários aos trabalhadores ocorrerem diariamente em vez de semanalmente, e os pagamentos de aluguel e juros de capital ocorrerem quinzenalmente em vez de trimestralmente. O ovo de Colombo!

Mas infelizmente, o comércio e as trocas não podem ser revividos de maneira tão simples. É verdade que existem pessoas ingênuas que realmente acreditam que a "falta de dinheiro" que percebem poderia ser eliminada ao fazer com que os sinais monetários desempenhem seu trabalho mais rapidamente, e por esse motivo, já foi sugerido com frequência que os salários, aluguéis e pagamentos de juros sejam feitos em períodos mais curtos. No entanto, na realidade, ninguém se beneficiaria com essa medida.

Nem o trabalhador nem o empregador, nem o inquilino nem o proprietário, nem o credor nem o devedor seriam enriquecidos nem em um único centavo. Se houvesse algum efeito financeiro, seria apenas desfavorável: os valores de salários, aluguéis e juros diminuiriam tanto que deixaria de valer a pena entregá-los ao banco antes de pagá-los ou depois de recebê-los, ou seja, deixar que eles tenham um efeito produtivo. Em vez disso, as quantias acumulariam ociosamente em cofres e carteiras.

O fato de que apenas a velocidade de circulação do dinheiro não é importante é melhor observado, a propósito, ao se visualizar a circulação do dinheiro no chamado mercado de capitais e na bolsa de valores. Em nenhum lugar o dinheiro circula mais rápido do que aqui. Em tempos de excitação especulativa, uma ação pode mudar de mãos dez vezes ou mais em um dia, desencadeando pagamentos correspondentes. Mas essa rápida rotatividade do dinheiro tem o algum efeito econômico? Não. Isso não quer dizer que o mercado financeiro e a bolsa de valores sejam instituições inúteis. Mas o benefício que eles criam não tem nada a ver com a velocidade de circulação do dinheiro.

Como você observa, meu filho, não depende de quantas vezes e quão rápido o dinheiro circula, mas sim se ele circula em "circulação útil" ou "circulação ociosa". Se o agricultor leva grãos ao mercado, ou o artesão entrega seu trabalho, o movimento do dinheiro que esse processo desencadeia é uma circulação útil. Mas se um especulador vende ações, ou um corretor de imóveis arranja a transferência de propriedade de uma vila, é um caso de dinheiro ocioso. Em uma economia saudável, o dinheiro não precisa circular excessivamente rápido se ele apenas proporcionar benefícios econômicos no maior número possível de transações.

No entanto, seja isso ou não, nunca depende do dinheiro. Nem a quantidade nem a quantidade da rotatividade do dinheiro determinam se os atos de pagamento que ele intermédia são úteis, prejudiciais ou neutros. Como isso seria possível? O dinheiro não é nada mais do que um direito garantido, um direito de receber bens. Esse direito surge do fato de alguém ter feito algo e, assim, adquirido o direito a algo em troca. Uma vez que o direito existe, no entanto, ele pode passar por inúmeras mãos sem necessariamente estar relacionado a um serviço, um enriquecimento da economia. O pai pode atribuí-lo ao filho, o filho pode atribuí-lo ao amigo, este último pode atribuí-lo a alguma dama. Essas são então três transações sem nenhum benefício econômico.

Portanto, deve necessariamente haver um elemento fora do dinheiro que regula sua circulação e garante que os direitos de referência a bens representados em dinheiro mudem de mãos o mais frequentemente possível para cumprir um propósito produtivo. E, de fato, esse regulador existe. Ele preenche toda a economia com sua eficácia, e não há um dia em que cada um de nós não o encontre várias vezes.

Esse regulador é o preço.

É muito fácil ver de que maneira o preço exerce sua função reguladora. Basta fazer a pergunta: quando o capitalista compra ações? Quando ele compra uma vila? Em outras palavras, quando o detentor de um direito de compra de bens, o utiliza improdutivamente, apropriando-se de valores já existentes, em vez de usá-lo produtivamente, ou seja, fazendo com que os valores em questão sejam produzidos novamente e, assim, enriquecendo a economia? A resposta é: ele adquirirá ações de uma empresa existente (ações) se estas forem mais baratas em termos de rendimento do que as ações de uma empresa a ser construída, e ele comprará uma vila pronta se isso for mais barato para ele do que uma nova construção. Claro, os confortos imediatos da posse de propriedades antigas são tão relevantes quanto as vantagens (modernidade, maior vida útil) das propriedades novas. Se, levando esses fatores em consideração, o preço de uma ação em uma nova empresa ou o preço de uma vila recém-construída for menor do que o preço dos objetos antigos, o capitalista estará inclinado a construir ou fazer construir, ou seja, usar seu dinheiro "produtivamente".

A maioria das pessoas, como sabemos, não são capitalistas satisfeitos, mas pessoas que são forçadas a 'ganhar seu dinheiro'; ou seja, pessoas que precisam comprar seu direito aos bens de que precisam para viver por meio de serviços. O ambiente, porém, como vimos, só tem uso para seus serviços se forem oferecidos a um preço que - levando em consideração todos os fatores envolvidos - seja mais barato do que o preço dos serviços antigos e 'fossilizados' que são oferecidos na forma de estoques móveis e imóveis. A produção nova e antiga estão constantemente competindo entre si. Lembro-me de um exemplo bem conhecido: como o agricultor americano de algodão estuda ansiosamente os relatórios estatísticos anuais sobre os estoques mundiais de algodão! Por quê? Porque ele sabe perfeitamente bem que o preço que lhe será oferecido depende inteiramente do preço e da quantidade de algodão da colheita do ano anterior. Mais ou menos todos os produtores estão na mesma situação. Eles devem manter seu preço, ou seja, seu direito à consideração, abaixo de um nível muito definido. Se não o fizerem, grandes quantidades de dinheiro circularão na 'circulação ociosa' em vez da 'circulação útil', e a produtividade do país diminuirá.

O preço, portanto, atrai dinheiro para o mercado de bens recém-produzidos quando está baixo e afasta dinheiro desse mercado quando está alto. No primeiro caso, ele aumenta, no segundo caso, reduz a velocidade real e efetiva de circulação do dinheiro. Os produtores, portanto, devem produzir 'a baixo custo'; eles devem dar uma grande consideração por cada reivindicação que tenha surgido de um serviço e lhes seja entregue na forma de dinheiro. Isso não significa outra coisa senão: eles devem produzir muito se quiserem aumentar a velocidade efetiva de circulação do dinheiro. O que resulta disso? Conclui-se que não é a velocidade de circulação do dinheiro que determina a produção, mas, inversamente, a produção que determina a velocidade de circulação do dinheiro.

Sim, há mais do que isso, e é um fato muito interessante. Como o produtor, na medida em que aumenta sua produção, atrai dinheiro para si em uma taxa cada vez mais rápida, ele mesmo se torna cada vez mais poderoso no consumo. Cada vez que o dinheiro passa por sua caixa registradora em uma circulação acelerada, ele adquire novos direitos à compra de bens, que ele pode exercer. Se ele inicialmente fortaleceu a demanda externa com sua precificação e a contrapôs com sua oferta, agora, por sua vez, fortalece a demanda ao exercer o direito à consideração adquirida por meio de seu desempenho, ou seja, ao gastar novamente o dinheiro que recebeu. Dessa forma, ele aumenta não apenas sua própria produção, mas a produção geral. As realizações tornam-se cada vez maiores e se sucedem cada vez mais rapidamente, gerando reivindicações à consideração, que também se tornam cada vez maiores e mais frequentes. Mas, uma vez que uma reivindicação à consideração não é nada além de dinheiro, segue-se que cada aumento na produção em si obtém o dinheiro necessário para sua realização. Isso acontece mesmo que não haja um aumento externamente perceptível nos sinais monetários, e isso é feito atraindo e repelindo os sinais monetários existentes de forma cada vez mais rápida, ou seja, aumentando sua velocidade de circulação.

Dessa forma, a própria economia, sem qualquer intervenção externa, sem qualquer intervenção do Estado, gera novo dinheiro assim que precisa e exatamente na quantidade necessária. Aqueles que dizem que pode haver 'muito' ou 'pouco' dinheiro para gerenciar a circulação de bens não reconheceram nem a natureza do dinheiro nem a natureza da circulação de bens. A circulação monetária e a circulação de bens são simplesmente idênticas, mesmo que, por conveniência, acima de tudo por causa da prova de propriedade mais fácil, os 'direitos' abstratos aos bens circulantes tenham sido transformados em um fator econômico independente e concreto, a saber, 'dinheiro'. Para usar uma imagem: a produção e o consumo são o pistão da máquina econômica que desliza para cima e para baixo, e o dinheiro é o volante de inércia que é acionado pelo pistão, às vezes lentamente, às vezes rapidamente. Esse movimento, chamado de velocidade de circulação, é regulado pela velocidade de movimento do pistão. É o pistão, não a roda, que impulsiona a máquina. A roda é apenas um expediente técnico. É mais vantajoso deixar o pistão agir na engrenagem da máquina através do volante de inércia do que diretamente. É mais vantajoso, mas não absolutamente necessário. Também é possível dividir os direitos sobre bens entre a população sem a ajuda do dinheiro; isso seria então uma economia de trocas em vez de uma economia monetária.

Mas a economia de trocas é tão incômoda e, uma vez que os bens a serem trocados quase nunca têm valores iguais, precisa ser complementada por crédito, o que é bastante indesejado no comércio de pequena escala (conforme minha carta de 2 de janeiro), que uma economia de trocas exclusiva não existe em nenhum lugar e, na minha opinião, nunca existiu.

Entendeu?
Seu velho pai.

OITAVA CARTA

*O Dinheiro que Trabalha e o
Dinheiro que Descansa*

O Prêmio dos Juros

Produção e Consumo

Berlin, 17 de Janeiro de 1921

Q uando alguém realiza algo, ou seja, trabalha ou entrega um bem, ele adquire uma reivindicação a uma contrapartida, que assume a forma de 'dinheiro'. Essa reivindicação pode ser tratada de várias maneiras. Ele pode afirmá-la imediatamente ao gastar o dinheiro novamente e, por sua vez, adquirir um bem ou um serviço de trabalho com ele, por exemplo, comprar um relógio ou mandar fazer um terno. Nesse caso, o dinheiro retorna ao seu propósito de mediar a circulação de bens; ele cumpre seu serviço, ele 'trabalha', como costumamos dizer. Mas a pessoa também pode agir de forma diferente. Ela pode deixar a reivindicação adquirida sem uso, para utilizá-la apenas em uma ocasião posterior, por exemplo, fazer uma viagem no próximo verão ou comprar um barco a remo. Nesse caso, o dinheiro fica ocioso no armário até o verão. Ele não intermédia nenhuma circulação de bens, não trabalha, e o poder de compra nele incorporado permanece sem uso. O poder de compra 'descansa'.

Se a maioria das pessoas age como nosso exemplo anterior, ou seja, gasta imediatamente o dinheiro que ganha, a oferta de dinheiro no país circula muito rapidamente. Há muitas transações e muita atividade. No entanto, se a maioria das pessoas age como no segundo exemplo, deixando o dinheiro sem uso por um longo tempo, o dinheiro circula lentamente, as transações são baixas e a vida comercial pulsa fracamente. É, portanto, extremamente importante se as pessoas têm o hábito de usar suas reivindicações adquiridas por consideração rapidamente ou lentamente, ou seja, se elas mantêm o dinheiro que acumularam por um curto ou longo tempo.

Mas esse hábito está sujeito a certas leis. Quase nunca é puramente arbitrário se uma comunidade de pessoas age de uma maneira ou de outra, mas depende da peculiaridade da economia. Uma população que pode contar com o fato de que uma quantia de dinheiro que ela gasta hoje será recuperada novamente amanhã, não hesitará em fazer muito com os gastos, mas fará com que o dinheiro flua rapidamente de volta à circulação. Uma população, por outro lado, que não pode contar com um retorno rápido do dinheiro, deve economizar o dinheiro em mãos e, portanto, gastará apenas gradual e hesitantemente. Em outras palavras: ganhos rápidos gastam, ganhos lentos economizam.

Mas a velocidade de ganho não é um fenômeno aleatório, mas também é, determinada por leis econômicas. Cada recebimento de dinheiro, ou seja, cada reivindicação por consideração, deve ser adquirida por meio de desempenho. Quem realiza muito, o dinheiro retorna a ele rapidamente; quem realiza pouco, ele retorna lentamente. Mas não basta que o indivíduo seja inteligente e trabalhador para ganhar dinheiro rapidamente. As outras pessoas com as quais ele lida em sua vida de trabalho, ou seja, todos os membros da comunidade nacional, também devem ser como ele, eles também devem produzir muito. Pois se eles não fizerem isso, não terão nada com o que pagar pelo trabalho do homem trabalhador; eles não têm nada em troca para recompensar seu desempenho. O requisito para ganhos rápidos e, consequentemente, rápida circulação de dinheiro é, portanto, uma atividade geral no país, uma grande produção de bens. E é bastante claro que quanto mais rápido e mais a comunidade nacional como um todo produzir, mais rápido e mais cada indivíduo poderá consumir.

A velocidade de circulação do dinheiro, ou seja, o fato de as moedas individuais permanecerem por um longo ou curto tempo nas mesmas mãos, não apenas é decisiva para a maior ou menor demanda que prevalece no mercado e estimula a produção, mas também é, por sua vez, dependente do grau de produtividade do país.

Assim, basicamente, apenas o poder produtivo nacional determina a velocidade e o tamanho da demanda. A produção determina o consumo, e uma rápida circulação do dinheiro, com muito dinheiro "trabalhando" e pouco dinheiro "descansando", é apenas o sinal externo de uma atividade comercial vibrante. O impulso para essa atividade é fornecido pela capacidade mental e física da população de produzir novos bens com o mínimo de gasto de energia e material, ou seja, a um preço baixo. E o preço deve ser tão baixo que se torne vantajoso para a população não se contentar mais com os bens existentes, como casas, ferrovias, navios, máquinas, etc., mas também adquirir novos bens além desses antigos. A capacidade crescente de baratear a produção dessa maneira é chamada de "progresso".

Portanto, o "trabalho" e o "descanso" do dinheiro dependem do estado de produtividade nacional. Eles são o "objeto" e não o "sujeito" da atividade. No entanto, embora isso seja assim, há um meio de torná-los, pelo menos exterior e aparentemente, o sujeito da atividade, influenciando assim a economia a partir do dinheiro. Há um meio de "animar" a produção convertendo artificialmente o dinheiro "adormecido" em dinheiro "trabalhador", ou seja, forçando o dinheiro a desempenhar uma atividade que não faria voluntariamente. Pode-se, por exemplo, induzir o homem do qual falamos anteriormente, que queria deixar seu dinheiro em repouso para uma viagem de verão ou a compra posterior de um barco, a abandonar sua intenção e colocar o dinheiro de volta em circulação, fazendo-o trabalhar novamente imediatamente. O meio pelo qual isso é efetuado é com os juros.

Os juros não são nada mais do que o prêmio concedido aos detentores de dinheiro adormecido em troca da cessão temporária do direito de propriedade representado pelo dinheiro, que eles mesmos não desejam exercer no momento, a terceiros que pretendem explorá-lo imediatamente. A introdução dos juros, ou seja, a taxa de empréstimo para os direitos adormecidos sobre bens, na economia é um meio engenhoso pelo qual os proprietários de dinheiro são compelidos a exercer imediatamente os direitos sobre bens que possuem ou a tê-los exercidos, e assim criar uma demanda no mercado que de outra forma estaria ausente. A coerção consiste em apelar para o interesse próprio humano e geralmente se mostra muito eficaz. Pois qualquer proprietário de dinheiro que impede seu dinheiro de trabalhar e o deixa ocioso na caixa é punido por isso, perdendo os juros que de outra forma receberia.

No entanto, deve-se ter muito cuidado para não cair em um erro sério. Pois, diante da relação íntima entre juro e dinheiro, parece que o dinheiro é o verdadeiro motor da economia; um motor tão importante que se paga uma taxa regular e muitas vezes muito alta por seu uso. Mas isso é uma ilusão de ótica. O tiro sai pela culatra. Fala-se de dinheiro e pensa-se apenas nos bens aos quais ele confere um direito de referência. Isso, aliás, pode ser visto com bastante clareza. Se hoje eu emprestar dez milhões de marcos em moeda a um fabricante ou a um banqueiro por um ano, mas estipular como condição que ele não exerça o direito de trocar os bens representados pelas moedas, mas deixe o dinheiro quieto, o fabricante ou o banqueiro não me pagará um centavo de juros por isso. Por quê? Simplesmente porque as pessoas não se importam nem um pouco com o dinheiro em si, mas sim com os bens aos quais o dinheiro confere um direito, e que só podem ser obtidos ao dar o dinheiro novamente, ao trazê-lo para o mercado.

De forma estrita, nem mesmo os bens em si são pelos quais o mutuário paga uma taxa, um juro. Pois, se eu quisesse ditar ao banqueiro ou ao fabricante que ele só pudesse obter este ou aquele bem com meus dez milhões de marcos, por exemplo, uma casa ou uma coleção de moedas, ele novamente não me pagaria nenhum juro. Ele não faria isso mesmo que eu deixasse a escolha dos bens para ele, mas exigisse que ele os utilizasse para consumo, por exemplo, queimando a madeira que ele comprou ou consumindo o açúcar que ele comprou. Ele só me paga os juros se eu deixar o dinheiro com ele para o propósito que ele tem em mente. E este propósito não está direcionado à posse e ao consumo de um bem específico, mas sim ao trabalho, à performance que a posse do bem torna possível para ele. O industrial têxtil, por exemplo, não me paga juros pelo meu dinheiro porque ele pode trocar tanto fio de lã por ele. Ele não tem interesse algum na posse deste fio, em seu armazenamento em seus cômodos. Pelo contrário, ele me paga juros porque eu o capacito a realizar um serviço com meu dinheiro, ou seja, refinar o couro em roupas. O fio, assim como o dinheiro, é apenas um meio para um fim. Eu recebo a taxa de empréstimo por possibilitar um serviço, e a recebo do benefício que o serviço tem para o público em geral. Para ser preciso, eu a recebo em troca do fato de que o industrialista, em troca de sua performance, ganha mais direitos a bens do que me deve, ao receber mais dinheiro do que os meus dez milhões de marcos.

Ele me cede uma parte do aumento de bens com o qual ele enriqueceu o mundo com seu trabalho, ao qual eu o capacitei com meu dinheiro.

O economista individual, portanto, ainda não cumpriu completamente seu dever se ele alcançou muito e, com isso, adquiriu uma reivindicação por muito em troca. Para ser um membro útil da sociedade, ele também deve exercer a reivindicação; ele deve receber a consideração ou, se não puder usá-la imediatamente, deixar que um terceiro a receba. Se ele não fizer isso, mas mantiver a reivindicação em forma de dinheiro por anos, a fim de exercer o direito de receber bens apenas tarde ou nem mesmo recebê-los, ele trapaceia a economia como um todo e viola o sentido das transações monetárias, que é uma troca de performance e contrapartida. Se o ambiente tirou sua performance dele, tem o direito de ter sua contrapartida tirada dele. Caso contrário, procurará em vão compradores para ela no mercado, e a produtividade diminuirá por falta de demanda correspondente. Aquele que trabalha também deve comer. "Aqueles que produzem devem consumir. Caso contrário, a economia entrará em desordem.

O instrumento econômico pelo qual esse perigo de estagnação na economia é evitado é a taxa de juros, que concede um prêmio para a obtenção imediata de contrapartida, ou seja, para a obtenção produtiva de contrapartida, ou seja, para a obtenção imediata de bens que permitem o uso do trabalho e, assim, aumentam o estoque de bens no país. Por outro lado, o juro também garante que não sejam produzidos mais bens do que a capacidade de consumo justifica. Se, por exemplo, todos os detentores de dinheiro se abstivessem de receber a consideração a que têm direito na forma de bens consumíveis e exauríveis, mas cedessem, em princípio, toda a consideração aos produtores para ganhar juros, a produção muito em breve superaria a possibilidade de consumo. Os produtores procurariam em vão compradores para seus bens. É por isso que a taxa de juros, o prêmio pela renúncia ao direito de obter bens, aumenta assim que a produtividade fica aquém do consumo, e ela diminui assim que o contrário ocorre.

Então, ela cai até que o prêmio de juros pareça insuficiente para os detentores de dinheiro, de modo que eles prefiram consumir para si mesmos ou pelo menos não aumentar mais a produção concedendo direitos de compra de bens. Portanto, como você pode ver, os juros é um fator econômico muito importante, querido James. Ele determina o ritmo e a direção da produção e alinha a produção e o consumo. Ele atrai bens quando está alto e os repele quando está baixo; dessa forma, ele enche e esvazia os reservatórios dos quais a produção nacional retira as forças motrizes necessárias. Mas esses reservatórios são o mercado monetário e os bancos.

Com amor, Seu velho pai.

NONA CARTA

A Condição do Mercado Monetário

*O Direito de Propriedade
e a Terceira Mão*

Berlin, 20 de Janeiro de 1921

Nós nos acostumamos, querido James, a dar como certo o mercado monetário. Consideramos isso como o ponto de encontro indispensável onde aqueles que possuem dinheiro temporariamente disponível buscam e encontram pessoas que têm uma utilidade para esse dinheiro e pagam juros por ele. Reduzido ao seu sentido econômico real, isso significa: O mercado monetário nos parece indispensável porque qualquer pessoa que tenha um direito de subscrição de bens, mas que ainda não queira exercer esse direito, tem a oportunidade aqui de cedê-lo a terceiros mediante uma taxa de empréstimo.

Aqui existem pessoas que têm utilidade para bens produtivos, como oficinas, máquinas e produtos manufaturados, ou para trabalho e matérias-primas dos quais oficinas, máquinas e produtos manufaturados são feitos, e que, em troca de sua capacidade de obter essas coisas com seu dinheiro, prontamente lhe concedem uma parcela de seu lucro da produção na forma de juros. O que, argumentamos, ele deveria fazer se possui muitos direitos para adquirir bens (tem muito dinheiro), mas não consegue usá-los por si mesmo, se não houvesse mercado monetário no qual ele pudesse emprestar os direitos e nenhum mercado de capitais no qual os direitos pudessem ser vendidos? (A diferença entre o mercado monetário e o mercado de capitais é geralmente ignorada. Consiste no fato de que no mercado monetário o dinheiro, ou seja, os direitos de compra de bens, são emprestados por um certo período de tempo, enquanto no mercado de capitais o mesmo dinheiro, os mesmos direitos de compra de bens, são definitivamente cedidos, trocados por chamados ativos fixos, ou seja, vendidos).

No entanto, o mercado monetário em si é dispensável. Em um país onde as condições sociais da população são bastante uniformes, um mercado monetário não é necessário, e se ele existe, não desempenha um papel importante aqui. Qual é a necessidade de um mercado monetário, por exemplo, em um país agrário onde quase todos os habitantes possuem seu pedaço de terra que os alimenta hoje e alimentará seus filhos daqui a trinta anos? Eles trocam seus produtos por dinheiro, ou seja, por direitos de compra de bens, e depois obtêm os bens de que precisam em troca. Se eles recebem muito dinheiro, compram muitos bens, caso contrário, compram pouco. Eles não têm motivo para não exercer parte dos direitos de referência representados pelo dinheiro, renunciar sistematicamente à compra de bens e "economizar" o dinheiro. Isso pode ser diferente se, ao longo do tempo, tantas propriedades estagnadas se concentrarem em uma única mão que o proprietário receba mais dinheiro do que ele deseja ou pode gastar em bens sem desperdiçá-lo. Mas então ele facilmente encontra um vizinho que pega o dinheiro dele e paga juros. Agora ele possui um capital, representado por um empréstimo ao vizinho, ou seja, uma hipoteca. Em um país assim, não é necessário organizar a troca de dinheiro emprestado, a troca de direitos para adquirir bens, com base em um mercado.

Mesmo em um país industrialmente avançado, pode ser costume para cada comerciante exercer o direito de compra de bens que ele adquire com seus produtos, ou seja, ele compra bens de consumo com seu dinheiro e usa quaisquer excedentes que excedam suas necessidades para expandir seu negócio ou criar uma existência para seus filhos, estabelecendo negócios para eles. Esse uso patriarcal dos direitos de referência representados pelo dinheiro só chega ao fim quando uma grande desigualdade de propriedade se torna a regra. Em países onde a população está dividida em "duas nações", ou seja, em uma rica classe alta que possui a maior parte das terras e todos os meios de produção, e um proletariado desarraigado que não possui nada ou possui muito pouco além do trabalho de suas mãos, em tais países, o uso do dinheiro pelo próprio proprietário necessariamente cessa.

O proletário, que não possui meios de sustento na forma de sua própria propriedade e que sempre teme ficar sem renda e meios de subsistência na velhice ou em caso de capacidade reduzida de trabalho, e que também não deixa nenhuma fonte de renda para seus parentes, deve inevitavelmente deixar uma parte de sua renda não gasta. Para ele, é: "Economize a tempo e terá em tempos de necessidade!" Ele deve reservar direitos sobre bens para sua velhice e sua família, se não quiser agir de forma muito frívola. Se ele não fizer isso por si mesmo, o estado deve fazê-lo por meio de legislação social. Ambos levam ao mesmo resultado: os direitos de propriedade são retirados do consumo imediato por seus proprietários, coletados para décadas posteriores e emprestados a terceiros até o momento de seu uso. Essas são quantias bastante enormes, que são expressas nas estatísticas das instituições de seguro social do estado, dos bancos de poupança, das pequenas companhias de seguros de vida, etc. O movimento dessas quantias requer uma organização, e essa organização é o mercado monetário.

Uma mudança muito semelhante ocorre no estrato

oposto da população, entre os grandes capitalistas. Aqui, no entanto, as causas são parcialmente de natureza diferente. No entanto, mesmo nesses círculos, que estão no lado ensolarado da vida, há um esforço para acumular reservas para o futuro; pois em um país voltado para a indústria e o grande capitalismo, os ciclos de negócios mudam rapidamente, e uma queda nas profundezas é bastante possível para o indivíduo.

Em geral, no entanto, a renúncia à afirmação imediata e independente dos direitos de compra de bens se deve simplesmente ao fato de que, muitos mais desses direitos se acumulam em uma mesma mão do que podem ser razoavelmente utilizados, aliás muito mais dinheiro do que pode ser gasto em necessidades diárias, mesmo com hábitos luxuosos de vida. "Investir o dinheiro em seu próprio negócio, como o faz o agricultor, é repugnante para o capitalista moderno. Ele não gosta de colocar todos os seus ovos em uma cesta e, se expande muito sua empresa, prefere trabalhar com o dinheiro de outras pessoas do que com o seu próprio. O capitalista, também, e ele em particular, precisa de um mercado onde possa dispor de seus direitos excedentes de compra de bens por um período de tempo mais curto ou mais longo.

Assim, vemos que o mercado monetário não é de forma alguma um produto natural, não é um fenômeno econômico elementar, mas se torna uma necessidade apenas em condições muito específicas. Hoje, no entanto, esse é o caso em todos os países culturalmente desenvolvidos, porque eles passaram por um desenvolvimento capitalista decididamente em grande escala nas últimas décadas. O dinheiro deve ter um mercado especial hoje, porque, por um lado, um excedente cada vez maior está procurando uso, e, por outro lado, a necessidade de uma reserva para o futuro está se tornando cada vez mais urgente; ambos os momentos têm o efeito de que a "terceira mão" não pode mais ser dispensada no uso do dinheiro.

Na verdade, cada país não apenas tem um mercado monetário, mas também inúmeros mercados menores, cada um dos quais tem uma entrada e saída para o grande mercado central. Os pequenos mercados são os bancos. É neles que o dinheiro das "duas nações" se acumula, principalmente o dinheiro excedente dos círculos capitalistas flui para eles. Sua tarefa é procurar a terceira mão que explore os direitos de propriedade incorporados no dinheiro de maneira tão adequada que, além dos juros a serem pagos ao proprietário, um alto excedente seja alcançado para a comunidade nacional. O uso dado aos bens produtivos e a direção na qual eles desenvolvem a economia do país dependem dos princípios de crédito adotado.

Seja os bancos próprios encontrando a terceira mão responsável por administrar os bens e convertê-los em capital lucrativo, ou se beneficiando da cooperação do grande mercado central, a escolha entre aqueles que têm o direito de administrar os bens sempre é deixada para eles. Essa é a razão pela qual os bancos possuem uma enorme responsabilidade e, ao mesmo tempo, uma posição de poder que muitas vezes os torna um estado dentro do estado.

Uma vez que os bancos, por meio de sua soberania creditícia, indicam o caminho para o desenvolvimento econômico, eles realmente teriam em suas mãos a capacidade de mitigar a tendência alarmante que divide a população em dois campos sociais hostis, o que coloca em perigo a existência do estado. Eles teriam em suas mãos a capacidade de direcionar os direitos de propriedade dados a eles para distribuição a círculos que não cooperam para fortalecer o proletariado. Eles poderiam promover a classe média industrial e os artesanatos, estabelecendo limites para o rápido crescimento dos grandes negócios.

Infelizmente, no entanto, os bancos na maioria dos países não agem dessa maneira, mas exatamente ao contrário. Eles reinvestem os excedentes de capital não gastos de volta ao capital, fortalecendo assim a tendência de concentração de dinheiro, que, ao tornar o mercado monetário cada vez mais indispensável e poderoso, mina gradualmente as bases do estado por completo.

Em parte, razões egoístas desempenham um papel aqui. Mas, para ser justo, uma parcela considerável da culpa recai sobre o estado e sua legislação. Uma vez que os bancos administram a propriedade confiada a eles e são responsáveis pela integridade dos fundos a eles confiados, não apenas por motivos de direito privado, mas também por sua posição pública como mestres do desenvolvimento econômico do país, eles devem focar no aspecto da segurança. O administrador mais adequado do dinheiro, portanto, sempre parece ser aquele que oferece a maior garantia de reembolso pontual, e isso naturalmente é o grande capitalista. O pequeno homem não oferece tal garantia, uma vez que as leis do estado, em busca de humanidade, protegem o devedor não confiável em grande medida da perseguição pelo credor. Quando a torre da dívida ainda existia[4], o artesão e o pequeno comerciante eram devedores relativamente seguros, aos quais o crédito estava prontamente disponível. A ameaça de prisão os tornava cautelosos e administradores confiáveis do dinheiro alheio. Hoje, ele já não está mais ameaçado com a prisão por dívidas, mas ele próprio arca com o prejuízo, pois agora ele não é mais digno de crédito. Esse ato social de legislação é como tantos outros: ele mata aqueles a quem busca proteger e, portanto, é, na realidade, antissocial em grau máximo.

Isso não pode ser completamente ignorado ao acusar os bancos de seguir uma política de crédito de grande capitalista e agir de acordo com o princípio: "A quem tem, será dado". Mas uma coisa é certa: a forma atual de superalimentação do capital, de endogamia capitalista, por assim dizer, não pode continuar por muito mais tempo se o "colapso do Ocidente" não quiser ocorrer de dentro para fora.

E há outro ponto em que os bancos precisam aprender

novamente: é a política de juros. Os juros são aquele fator altamente importante na vida econômica que decide se os direitos de compra de bens incorporados ao dinheiro devem ser exercidos de forma produtiva ou consumista. A taxa de juros é o ponto de virada no equilíbrio da economia e indica precisamente se o fardo da produção ou do consumo deve ser aliviado. Se esse índice for abusado, se a produção continuar a ser aumentada em desafio a ele com a ajuda do dinheiro centralizado nos bancos, embora sua base já tenha afundado há muito tempo, ocorre uma crise econômica que poderia ser evitada com a política correta. A compreensão real dos sintomas dos ciclos de negócios ainda é muito substituída pela burocracia e pela rotina nos escritórios bancários hoje em dia.

Nos próximos dias, devo me dedicar ao balanço do meu banco, querido James. Portanto, não se surpreenda se passar um pouco mais de tempo do que o habitual entre esta carta e a próxima.

Sinceramente,
Seu pai.

DÉCIMA CARTA

O Princípio do Banco Central

A 'mania do ouro'

*Oferta Monetária e
Cobertura do Terço*

*Bancos Centrais e o Fundo
de Conversão*

Berlin, 26 de Janeiro de 1921

Tão antiga quanto o dinheiro, querido James, é a reclamação das pessoas de que há "muito pouco dinheiro". Isso é um mal-entendido que eu não ousaria esperar que desaparecesse completamente do mundo. Provavelmente, apenas algumas pessoas percebem que "muito pouco dinheiro" é um absurdo. O dinheiro é a escala pela qual os bens disponíveis são distribuídos entre a população, e só se pode aumentar as porções individuais de bens aumentando a quantidade de bens, e não estendendo a escala.

Aquele que reclama que tem *muito pouco dinheiro*, na realidade, reclama apenas que não vendeu o suficiente de bens ou serviços e, portanto, só conseguiu adquirir uma pequena porção da quantidade disponível de bens. Isso pode ser uma questão de incapacidade pessoal ou uma questão de injustiça social, mas nunca uma questão da quantidade de dinheiro.

Mas como as massas não percebem isso, elas exigem que o Estado produza mais notas de moeda, e o Estado reconhece essa demanda como fundamentalmente justificada ao estabelecer bancos centrais que devem emitir notas de moeda "conforme necessário". Ao fazer isso, é claro, ele impõe certos limites à atividade criativa dos bancos. Mas se o reconhecimento dessa demanda pública por dinheiro já nos faz sorrir melancolicamente, porque se baseia em um erro, os "limites" que ele estabelece para a demanda parecem completamente humorísticos. Pois o Estado, com isso, aplica um segundo erro em cima do primeiro.

Como os dois erros surgiram é suficientemente transparente. No decorrer dos séculos, o Estado, calejado pelos danos, chegou à conclusão de que nem todo dinheiro realmente garante plenamente o direito aos bens nele representados, ou seja, que é "estável em valor". Ao contrário, ele reconheceu que apenas o dinheiro que consiste em metais preciosos (ouro) ou que pode ser trocado por esse metal precioso a qualquer momento tem a propriedade de valor estável. No entanto, a razão desse fato permaneceu oculta para ele. Ele vê nisso apenas o resultado de um capricho humano, de um preconceito. Atribui o valor estável do dinheiro de ouro ou do dinheiro lastreado em ouro ao fato de as pessoas considerarem apenas o dinheiro pelo qual podem receber o valor equivalente completo no nobre metal mundial a qualquer momento como sendo de valor genuíno. Mesmo que isso seja apenas uma moda, que provavelmente decorre da superestimação tradicional dos metais preciosos, deve-se levar isso em consideração e, se possível, emitir apenas dinheiro que possa ser trocado por metal a qualquer momento, a pedido de seu portador.

Mas isso é um equívoco. A verdadeira superioridade do dinheiro de ouro - na parte oriental do mundo, o dinheiro de prata - tem uma causa muito mais profunda do que o capricho ou obstinação das grandes massas. A estabilidade relativa de valor do dinheiro de ouro se deve, ao contrário, ao fato de que a produção desse dinheiro está além do poder arbitrário do Estado. O dinheiro de ouro só pode surgir quando o ouro é produzido e trazido ao mercado, ou seja, quando algo é feito. A exigência de que o desempenho e apenas o desempenho dá origem ao dinheiro é idealmente cumprida no caso do dinheiro de ouro (ou dinheiro totalmente lastreado em ouro). Esse dinheiro nunca pode produzir mais do que é justificado e necessário pelo convívio humano, que troca desempenho por desempenho. E uma vez que a quantidade de dinheiro, ou a relação entre essa quantidade e os serviços, decide sobre o poder de compra, sobre o "valor" do dinheiro, o dinheiro de ouro, no qual a quantidade ou a relação não podem sofrer qualquer alteração arbitrária, é estável em valor. Exatamente tão estável em valor seria qualquer outro dinheiro que surgisse exclusivamente a partir do desempenho, ou seja, que fosse produzido pela própria circulação e não fosse imposto à circulação de fora de acordo com quaisquer princípios.

Como eu disse, o Estado não reconhece isso. Ele acredita em uma ideia fixa do povo, em uma espécie de "mania do ouro", e agora tenta levar esse preconceito em consideração por meio de uma certa política monetária. Portanto, autoriza os bancos centrais a atender à demanda do povo por "mais dinheiro", sob a condição de que as notas emitidas sejam parcialmente lastreadas em ouro. A quantidade de notas pode ser tão alta quanto desejada, desde que sempre haja ouro suficiente disponível para satisfazer aqueles portadores de notas que, em sua "mania do ouro", desejam obter metal uma vez. Como a experiência mostra que, em tempos normais, em média, apenas a um décimo ou um quinto das notas, no máximo um terço, é exigido ouro em troca de suas notas, ou seja, é suficiente se o estoque de metal corresponder a um terço do valor total das notas emitidas. Se essa condição for cumprida, os bancos podem colocar calmamente em circulação qualquer quantidade de notas que corresponda à "necessidade de circulação"; e esta última pode ser melhor avaliada pelo número de letras de câmbio comerciais apresentadas aos bancos para desconto.

Todos os bancos centrais existentes surgiram desse raciocínio.

O princípio é o mesmo em todos os lugares, mesmo que em um banco a presença de 40% de ouro ao invés de 33% seja uma condição, paralelamente em outro banco será estabelecido algum limite máximo numérico moderado para as notas a serem emitidas; um limite máximo que é quase regularmente aumentado assim que a "necessidade de circulação" aparenta exigir. O privilégio de todos os bancos centrais é, portanto, baseado no duplo erro de que o "valor" do dinheiro não tem nada a ver com a quantidade de dinheiro em circulação no país e que apenas o ouro, ou a possibilidade de trocá-lo por ouro, confere ao dinheiro sua estabilidade de valor. Quando na realidade é exatamente o contrário: O ouro em si não tem influência sobre o 'valor do dinheiro', enquanto a oferta de dinheiro é a única a ter influência. É por isso, meu caro amigo, que todos os bancos centrais, sem exceção, falharam assim que quiseram testá-lo ao disponibilizar uma quantidade consideravelmente aumentada de notas para circulação - por exemplo, em tempos de guerra ou em uma crise. Suas notas imediatamente perderam parte do seu poder de compra, e os detentores das notas cercaram os bancos para trocá-las por ouro, pois apenas esse dinheiro internacional, que não podia ser aumentado arbitrariamente, manteve seu valor. (Ele manteve seu valor não porque era ouro, mas porque era o único dinheiro que não podia ser arbitrariamente aumentado e era, acima de tudo, um dinheiro internacional).

Logo ficou evidente que a cobertura de um terço em ouro

não era suficiente para satisfazer todas as demandas, e portanto, a troca foi interrompida e a conversão das notas em ouro foi suspensa. Isso significa romper uma promessa solene feita ao povo e só foi resorted a depois que outros meios mais suaves haviam falhado. Antes disso, eles tentaram um pequeno truque, distribuindo peças velhas, desgastadas e não mais totalmente valiosas aos portadores das notas em vez de moedas de ouro de valor integral, privando-os de parte de sua reivindicação de ouro, não para prejudicá-los, mas para dissuadi-los. Ou tentaram a vergonha pública: declararam todos os portadores de notas que faziam reivindicações de ouro no banco central nesse momento crítico como traidores da pátria. No entanto, todos esses meios já eram uma violação velada da lei e o primeiro passo no caminho para uma suspensão aberta e total dos pagamentos em ouro.

Em alguns países, os governos gradualmente perceberam que todo o princípio da criação monetária centralizada é baseado em um conhecimento falho do sistema monetário. Mas apenas a Inglaterra, entre todos os estados europeus, reuniu a energia necessária para romper com esse princípio. Em 1844, o famoso *Peel Act* estipulou que nenhuma nova nota deveria ser colocada em circulação, exceto aquelas já em circulação. A partir de então, novas notas seriam emitidas apenas contra ouro; para cada nota, a quantia total em ouro deveria ser depositada no banco. Em outras palavras: não era mais o Estado ou os bancos privilegiados por ele, mas a circulação, como é da natureza das coisas, que deveria criar novo dinheiro; o Estado ou o banco deveriam se limitar a constatar o fato de que ouro havia sido criado pela entrega de ouro, ou seja, por um serviço, por meio de um selo gravado ou por meio de um certificado de ouro (nota bancária).

Por ter eliminado o banco como o criador de dinheiro e criado um dinheiro próprio que surgia da circulação viva, a Inglaterra tinha a melhor moeda do mundo até a grande guerra, a única moeda realmente estável em valor. Mas quando, durante a guerra, a criação de dinheiro voltou a ser uma questão do Estado e de sua máquina de impressão, e novos sinais monetários foram impostos à circulação que não tinham origem no próprio Estado, o valor integral do direito aos bens representados pelo dinheiro, é claro, tornou-se coisa do passado.

Daí decorre, querido James, que um mau banco emissor de dinheiro é prejudicial, mas um bom banco é supérfluo. Pois a tarefa mecânica de certificar o dinheiro criado na circulação pode ser realizada por qualquer casa da moeda. Também parece que essa compreensão está começando a germinar aqui e ali, menos na Europa do que na América do Sul.

Lá, alguns estados, quando começaram a reabilitar seus sistemas monetários, deliberadamente abstiveram-se de fundar bancos centrais e, em vez disso, criaram "fundos de conversão", ou seja, cofres que apenas autenticavam a criação de novo dinheiro emitindo certificados para ouro depositado que circulavam na circulação como o próprio ouro. No entanto, o *vox populi*, que sempre clama por "mais dinheiro", não fica satisfeito com isso, e uma vez que existem momentos políticos internos em que se deve seguir a "rua", é questionável por quanto tempo, por exemplo, na Argentina, a razão prevalecerá nas questões monetárias.

E nós na Europa? Pagamos uma lição tão cara nos últimos anos que, na verdade, deveríamos gradualmente alcançar o nível de compreensão argentina. Mas minhas esperanças não são muito altas nesse aspecto. Falamos demais e pensamos pouco.

Com amor,
Seu velho pai.

DÉCIMA PRIMEIRA CARTA

*Transações de Pagamento
sem Dinheiro*

Dinheiro 'Giro'

Inflação Invisível

Berlin, 28 de Janeiro de 1921

O terrível efeito, querido James, que um aumento arbitrário no dinheiro tem sobre o "valor do dinheiro", ou seja, sobre o tamanho do direito aos bens representado pelo dinheiro, geralmente só é reconhecido bastante tarde. O efeito já deve ser bastante profundo, a deterioração do dinheiro deve ter atingido um grau preocupante, antes que o Estado ou os bancos centrais admitam que a desvalorização do dinheiro é uma consequência de sua própria política monetária errônea. Mas uma vez que tenham reconhecido isso e admitido publicamente a conexão entre a desvalorização do dinheiro e a chamada "inflação", algo acontece que poderia ser chamado de divertido se não tivesse consequências tão sérias. O Estado ou o banco central tentam então mitigar a inflação de uma maneira muito específica, de uma forma que claramente mostra que se pode suspeitar da conexão entre a depreciação monetária e a inflação e ainda ter visões muito amadoras sobre o dinheiro.

O banco central - deixemos o Estado de fora desta vez - argumenta da seguinte forma: Não há dúvida de que foi um erro emitir quantidades tão grandes de notas bancárias e, assim, enfraquecer o valor do dinheiro. Portanto, seria necessário tentar retirar uma parte das notas bancárias, mas de tal forma que nenhum detentor de nota bancária sofra uma perda como resultado. As transações de pagamento sem dinheiro são as mais adequadas para esse propósito. Os detentores das notas bancárias retiradas são creditados com o valor equivalente em uma conta e são incentivados a fazer seus pagamentos não mais em dinheiro, ou seja, com notas bancárias, mas por meio de uma transferência de sua própria conta para a conta de outros clientes do banco. Dessa forma, todas as partes ganham: o tráfico se livra de parte da circulação excessiva de notas, o que tem um efeito favorável sobre o valor do dinheiro; o banco mostra menos notas em seus demonstrativos, o que silencia as críticas; e os clientes do banco que trocaram suas notas por uma conta, desfrutam das vantagens do tráfego de transferências em comparação com o tráfego em dinheiro. Todos têm uma vantagem, ninguém sofre perdas. *Probatum est.*

É por isso, meu querido filho, que você sempre ouvirá o elogio aos pagamentos sem dinheiro quando a inflação e as dificuldades monetárias atingirem um alto nível. Com pedidos e ameaças, com escritos esclarecedores e com os conhecidos imperativos ("Pague sem dinheiro!!!" "Promova as remessas!" "Combata a inflação!"), o público é instado a entregar suas notas bancárias e abrir uma conta, seja com o próprio banco central ou com outro banco que, por sua vez, tenha transações sem dinheiro com o banco central. De fato, a propaganda geralmente é bem-sucedida. Os saldos de crédito privado nos bancos, os saldos de crédito bancário no banco central experimentam um aumento considerável, o que mostra claramente quanto as notas teriam que ser emitidas se o público não pagasse agora frequentemente com cheque e transferência em vez de notas bancárias.

Apenas uma coisa está faltando, e isso é: o sucesso. O fato de que tantos bilhões de notas podem ser retiradas ou não precisam ser gastas, porque o tráfego agora usa a conta para seus pagamentos, não tem o menor efeito sobre o valor do dinheiro e sobre os preços. E nos perguntamos com preocupação qual erro foi cometido novamente. Pois, uma vez que é certo que apenas o número excessivo de notas bancárias é o culpado pela deterioração do dinheiro e pela inflação idêntica, a redução do número de notas deve levar a uma melhoria do dinheiro e a uma redução nos preços. Como regra geral, no entanto, não se encontra uma boa razão, mas no final chega-se à conclusão de que não foi feito o suficiente no campo das transações sem dinheiro. "Deve haver muito mais pagamentos não monetários, a nota bancária deve desaparecer completamente do tráfego em grande escala". E a propaganda recomeça: "Pague sem dinheiro!"

Como eu disse, isso seria muito engraçado se não mostrasse de forma assustadora em que nível baixo ainda está o conhecimento sobre dinheiro e suas leis, mesmo quando finalmente se entende a conexão entre inflação e dificuldades monetárias. Pois, para resumir, meu caro colega: toda a ideia de querer combater a inflação promovendo a circulação sem dinheiro é um absurdo completo. O transporte sem dinheiro pode ser uma instituição muito útil em certas circunstâncias (de maneira alguma sempre!). Mas não pode combater a inflação por uma razão muito simples, ou seja, porque ele próprio é uma parte da inflação.

O dinheiro, não pode ser dito o suficiente e em voz alta o suficiente, não é apenas idêntico aos sinais monetários que se encontram no tráfego. Em sua essência, o dinheiro não é nada material, mas algo abstrato: um direito de comprar bens. Se esse direito é incorporado em barras de ouro, em moedas, em notas em dinheiro, em notas bancárias ou finalmente em saldos de contas correntes, é completamente irrelevante. A única coisa que importa é que existam apenas tantos direitos de adquirir bens quanto o tráfego, com seus serviços diários e contrasserviços, gera por si mesmo. Cada nota e cada saldo de conta corrente que surge dessa maneira natural é um bom dinheiro sólido. E cada nota, cada depósito à vista criado arbitrariamente pelo estado ou por um banco é um dinheiro supérfluo e ruim. Sejam as notas bancárias emitidas arbitrariamente deixadas a circular tranquilamente ou sejam elas retiradas e substituídas por créditos em contas bancárias, o chamado "dinheiro de *giro*[5]", isso não importa. Teriam sido eliminados os direitos aos bens emitidos de forma errônea, porque eles não passam mais de mão em mão em notas físicas, mas em dinheiro *giro* incorpóreo? Será que um único átomo de poder de compra no país será exercido a menos se o pagamento for feito de forma não monetária em vez de dinheiro em espécie? E é isso que importa: Menos poder de compra deve ser exercido se quisermos reduzir o preço dos bens ou, o que é a mesma coisa, aumentar o "valor do dinheiro".

Se quisermos provar a ilogicidade de uma ideia, é sempre bom levar a ideia às suas últimas consequências. Portanto, vamos imaginar que o apelo feito ao público pelos governos e pelos bancos centrais tivesse o extraordinário sucesso de fazer com que todos os pagamentos, exceto os menores, não fossem mais feitos em dinheiro, mas por meio de transações *giro*. Todas as notas bancárias acima de 50 centavos ou 2 marcos seriam retiradas de circulação, reduzindo assim a circulação de dinheiro em nove décimos ou até mais. Qual seria a consequência? Alguma demanda deixaria de existir? As contas correntes, que o banco central agora concede novamente a funcionários públicos e fornecedores do Estado, teriam um efeito diferente sobre o volume de transações e sobre os preços de todos os bens em relação às notas que existiam antes?

E vamos imaginar, para irmos até o fim, que uma lei

draconiana proíba todos os pagamentos em dinheiro em espécie, forçando o tráfego de pequena escala a pagar com cheques postais, assim como o tráfego de grande escala paga com cheques bancários: qual seria a consequência? As notas bancárias que teriam que ser apresentadas para abrir uma conta de cheque postal ou uma conta bancária poderiam agora, no entanto, ser carimbadas sem exceção. O dinheiro visível desapareceria, e com ele a inflação visível. Mas teríamos trocado apenas por dinheiro invisível e inflação invisível. O tráfego compraria, entregaria e pagaria exatamente da mesma maneira como antes, exceto que o pagamento individual não seria mais feito entregando um símbolo monetário, mas sim por meio de uma entrada contábil. Tecnicamente, tudo teria mudado, mas factualmente absolutamente nada.

Portanto, tenha cuidado ao avaliar os pagamentos sem dinheiro!

Há muito abuso e muitos erros associados à propaganda disso. Dinheiro é dinheiro, mesmo que apareça de forma incorpórea. Sim, ele se aproxima ainda mais do conceito real de dinheiro na forma de depósito bancário, na forma de *Giralgeld* (moeda bancária escritural alemã), do que na forma física da moeda ou da nota. Pois é apenas agora, quando ele se apresenta como um direito registrado em um livro e é "creditado" como uma transferência às vezes para isso, às vezes para aquilo, que o verdadeiro caráter do dinheiro como um direito abstrato, um direito de receber bens, emerge claramente; enquanto até agora sempre houve uma confusão entre esse direito e seu representante físico, entre o próprio dinheiro e os símbolos monetários.

Com amor,
Seu velho pai.

DÉCIMA SEGUNDA CARTA

Efeitos da Degradação Monetária

Inflação e Moralidade

*Consequências da Moeda
e da Vida Econômica*

Berlin, 31 de Janeiro de 1921

É um fenômeno bem conhecido, querido James, que em uma casa onde uma pessoa está seriamente doente, geralmente apenas uma pessoa não percebe a gravidade total da doença, ou seja, a própria pessoa doente. Ele pensa que está completamente bem assim que tem um pouco de apetite. Assim como essa pessoa doente, acontece com as pessoas que estão doentes com o dinheiro, que sofrem com o declínio de sua moeda: porque eles comem, bebem e fazem negócios como antes, eles acreditam que as coisas não podem estar tão ruins para eles; a queda no valor do dinheiro é indubitavelmente desagradável e tem muitas consequências malignas, mas afinal de contas existem doenças mais graves para um povo. Se olharmos para a questão à luz do dia, a questão toda da moeda é basicamente apenas um exemplo inofensivo de multiplicação. Simplesmente temos que multiplicar todas as nossas despesas por 10 ou 100 ou 1000, de acordo com a desvalorização do dinheiro ou o aumento dos preços. Objetivamente, isso não significa nada, porque cada despesa de um é uma renda para o outro, e portanto a renda também aumenta 10, 100 ou 1000 vezes. Só precisamos nos acostumar a adicionar um zero a todos os números na vida cotidiana.

Pode-se ouvir essa visão inofensiva expressa muitas vezes. E de fato: faz mal a uma nação se ela calcular com a grande tabela de multiplicação em vez da pequena, e se todas as suas transações aumentarem dez vezes? Afinal, há dez vezes mais dinheiro no país do que costumava ser para lidar com o volume de negócios. A inflação de todos os números é o resultado desse enorme aumento de dinheiro.

Esse eufemismo, meu filho, não pode ser combatido com veemência suficiente, pois a ignorância que se expressa nele beira ao crime. É ruim o suficiente quando uma nação escorrega pela ladeira escorregadia da inflação em imprudência ignorante. Mas se então ela ignora despreocupadamente as consequências desse deslize ou tenta ver o lado positivo delas em vez de pegar as rédeas do estado e frear a tempo, então o povo está se apressando em direção à sua ruína. Pois, para colocar em palavras modestas, a queda de sua moeda é provavelmente o maior infortúnio que pode ocorrer a uma nação. Nem mesmo uma guerra perdida causa danos imediatos tão graves quanto a ruína de seu sistema monetário.

As pessoas que veem em toda a questão apenas um experimento aritmético trivial ignoram alguns momentos acompanhantes da queda da moeda. Acima de tudo, elas ignoram uma circunstância significativa: a desvalorização do dinheiro, ou seja, a multiplicação dos gastos, afeta a todos. No entanto, o aumento da renda beneficia apenas uma fração da população, e essa fração, é claro, em tal medida que a relação entre renda e despesa melhora extraordinariamente. E é principalmente o capital, na medida em que possui ativos materiais, que se beneficia dessa maneira. Por outro lado, aqueles que só tomam conhecimento do aumento nos gastos pela desvalorização do dinheiro são, além dos aposentados, que são especialmente prejudicados, principalmente as classes trabalhadoras mental e fisicamente, os funcionários públicos e os aposentados do estado.

Como alguns percebem a inflação como uma sorte que não se repete, enquanto outros percebem a mesma inflação como uma catástrofe, não pode ser explicado em poucas palavras. O mecanismo que causa isso é bastante complicado. Mas se quisermos esboçar o processo de forma aproximada, provavelmente podemos dizer: Todos aqueles que possuem direitos expressos em dinheiro, como juros, pensões, salários, vencimentos, aposentadorias e afins, são prejudicados na medida da deterioração do dinheiro. Aqueles que possuem determinados ativos reais, como imóveis, gado, móveis, ações, etc., normalmente não são prejudicados nem beneficiados, pois os ativos reais aumentam de preço aproximadamente na mesma medida em que o dinheiro, no qual o preço é expresso, perde poder de compra. (Danos forçados, como aqueles causados aos proprietários de imóveis pela política habitacional do estado, não são considerados aqui.) Por fim, todos aqueles que possuem valores publicitários, ou seja, fábricas e máquinas, e produzem valores reais com eles, bem como todos aqueles que vendem esses produtos, lucram com a inflação; e isso porque os preços de venda de seus produtos, ou seja, sua renda, se adaptam mais rapidamente ao valor decrescente do dinheiro, ou seja, aumentam mais rápido do que suas despesas com salários, aluguel, juros, impostos, etc., e porque essa relação favorável aparece não apenas uma vez, mas muitas vezes, a cada ato de venda novamente. Em resumo, a primeira classe é expropriada pela inflação em favor da terceira classe.

Agora, pode-se ter a visão de que a compaixão não é uma

questão de economia e que não se deve olhar o processo através da lente do sentimentalismo. Uns sobem alto, outros afundam, isso é apenas o destino humano. O que importa não é o indivíduo, mas o todo. Mas é exatamente aí que está o problema: embora esses processos pareçam afetar apenas certas classes de pessoas, é a totalidade que sofre os danos mais graves.

Em primeiro lugar, do ponto de vista moral: em toda a nação, mesmo que seja uma nação de retidão e honestidade, todo senso de justiça e equidade está gradualmente desaparecendo. Isso ocorre porque todas as classes, inclusive os aproveitadores da inflação, acreditam ter sido enganados pelo estado. E de fato, sabemos que o dinheiro é um direito, ou seja, um direito de obter bens de um valor muito definido. E o que é lei deve, como é bem conhecido, permanecer como lei em um estado de ordem. Nenhum direito, no entanto, deve estar mais seguro e durar mais tempo do que o direito de posse, que está incorporado no dinheiro, pois confiando em sua existência, estados e povos celebram tratados sagrados que valem por 100 anos ou mais. Esse direito, que é o direito de todos os direitos, foi grosseiramente violado pelo estado, que diminuiu o valor do dinheiro por meio da inflação. Todo trabalhador, todo funcionário público, todo aposentado sente-se enganado em seus direitos pelo estado, que supostamente deveria protegê-los. Mas também os beneficiários da deterioração do dinheiro, que, por assim dizer, se alimentam da gordura do público em geral, sentem que seus direitos estão ameaçados pelo estado, porque o estado exige deles os impostos de que precisa para amenizar, pelo menos em certa medida, a miséria pela qual eles mesmos são responsáveis. Como apenas alguns dos beneficiários conhecem a verdadeira conexão entre sua renda e o infortúnio dos outros, e a maioria deles atribui isso à sua própria eficiência, que é apenas o efeito da inflação, eles consideram isso um ato de violência e uma privação de direitos quando o estado deseja tributar parte de seus lucros. Daí a generalizada "evasão fiscal!" em que se expressa a confusão jurídica dos aproveitadores da inflação. A confusão de direitos das vítimas da inflação se manifesta na desobediência, violação da lei, recusa em trabalhar, roubo e, por fim, revolução e assassinato. Isso leva a uma luta de todos contra todos, que abala o estado e muitas vezes o faz desintegrar.

Pois quando vemos hoje que a injustiça infligida pela inflação aos trabalhadores, funcionários públicos, empregados, etc., foi em certa medida reparada por meio de aumentos salariais - como isso foi alcançado? Somente por meio de lutas, de lutas contínuas, amargas e implacáveis. Indenização entre os beneficiários e as vítimas da inflação nunca ocorre voluntariamente; a compensação deve ser conquistada passo a passo através de greves, ameaças, discursos inflamatórios e incitando as paixões populares. Hoje o trabalhador luta contra o empregador, amanhã o camponês contra os habitantes das cidades, depois de amanhã os habitantes das cidades contra o comerciante 'usurário', o inquilino contra o senhorio, e assim por diante.

O país inteiro está se fragmentando em inúmeros focos de problemas, e cada um desses focos de problemas representa um risco de incêndio para o estado. Esta é a face social e política da deterioração do dinheiro.

Como você sabe, querido James, tenho um arquivo na minha biblioteca onde guardo recortes de jornais sobre eventos importantes ou interessantes. Aqueles que dão uma olhada nesse arquivo, especificamente na seção *'Dinheiro, Moeda'*, me olham com espanto. Pois sob essa seção encontrarão relatos sobre greves, golpes, assaltos a ferrovias, roubo, fraude, suicídio, usura, morte por inanição e muitas outras coisas que aparentemente não parecem pertencer ali. Mas tudo a isso pertence. Pois os efeitos da miséria monetária irrompem nos pontos aparentemente mais remotos do organismo econômico.

Por exemplo, leio algo sobre escassez de moradias. Onde colocar isso? Sob 'dinheiro'. Pois a política estatal de aluguéis, que impede a construção de novas casas, é a consequência necessária da expropriação de metade da população através da desvalorização do dinheiro. Leio algo sobre um déficit de 16 bilhões nas ferrovias. Onde colocar isso? Sob 'dinheiro'. Pois o déficit advém em parte do fato de as ferrovias terem que pagar altos salários aos seus funcionários prejudicados pela inflação, e, por outro lado, a parte maior e expropriada da população não pode pagar as tarifas correspondentes de passagens e mercadorias.

Leio algo sobre escassez de carvão: não sob 'mineração', mas sob 'dinheiro'! Leio algo sobre pobreza infantil. Não sob 'Versalhes', mas sob 'dinheiro'! Leio algo sobre esforços desperdiçados na região do Reno. Não 'por lá', mas 'dinheiro'! Corrupção, economia forçada, extorsão, brutalidade moral - tudo isso se enquadra na categoria 'dinheiro'. Assim, observo os efeitos de uma moeda que se deteriorou. Dificilmente há uma área da economia nacional, mesmo da política, que possa escapar desses efeitos.

O dinheiro ruim é, repito, talvez o maior infortúnio que pode ocorrer a uma nação. O resultado da Primeira Guerra Mundial, tão desastroso para a Alemanha, é certamente uma catástrofe que uma nação vivencia apenas a cada poucas centenas de anos. E ainda assim, não sei qual é mais desastroso para a Alemanha no momento, a tragédia da guerra ou a comédia do dinheiro. Admito que as consequências políticas e econômicas desastrosas da guerra permanecerão por muito, muito tempo; a desvalorização do dinheiro e seus efeitos, por outro lado, passarão ou pelo menos em algumas décadas não serão mais sentidos em toda a sua severidade; o neto do homem que foi expropriado hoje cresce como um proletário e acha que deve ser assim.

Mas hoje, a miséria monetária é o flagelo mais terrível da Alemanha, embora seja talvez um consolo que outros países também sintam esse flagelo.

Então, meu querido James, agora você sabe o que é

'dinheiro'! Isso não é tudo o que você precisa saber antes de estar pronto para o cargo de diretor de banco, ou seja, um banqueiro como eu o imagino. É apenas o portão de entrada para a banca, para o mercado monetário, para a bolsa de valores, para o empreendedorismo, que eu abri para você nesta série de cartas que encerro agora; e ainda apenas entreaberto, porque até agora falamos apenas sobre o dinheiro no país em si, sobre o chamado 'valor interno' do dinheiro, não sobre o 'valor externo', a moeda. Com a graça de Deus, em breve corrigiremos essa omissão.

Portanto, declaro a primeira lição encerrada e deixo a caneta de lado.

Com amor antigo,
Seu pai.

---

[1] É um termo historicamente usado para se referir aos *Khoekhoe*, pastores nômades indígenas da África do Sul.

[2] Unidade Monetária, tipos de moeda (seja em papel ou metal).

[3] O judeu errante, também chamado Ahasver, Aasvero ou Ashver,[2] é um personagem mítico, que faz parte das tradição oral cristã, associada a um incidente na Sexta-Feira da Paixão. As versões do incidente são variadas. Uma delas diz que Jesus Cristo teria caído, sob o peso da cruz, defronte à loja onde trabalhava Ahasver, e que este, zombando dele, lhe teria gritado para que "caminhasse", ao que Jesus lhe teria respondido (amaldiçoado), dizendo que era ele, o sapateiro, quem caminharia pelo mundo até o fim dos tempos.

[4] Autor faz referência à *prisão por dívidas*, que ocorriam em Torres (Cárceres da Época).

[5] Refere-se a expressão Giro(Banking), que nada mais é que a transferência (transação) entre contas bancárias.

POSFÁCIO

COMENTÁRIOS FINAIS DO EDITOR
Brasil, 23 de julho de 2023

Se você é brasileiro, não preciso nem comentar que as lições tomadas por James, fazem demasiado sentido. O governo brasileiro é campeão de imprimir dinheiro. O Real (Brl) nasceu em 1994, a moeda brasileira trouxe a promessa de acabar com a maldita inflação e proteger o poder de compra do brasileiro.

Será que o governo cumpriu sua promessa? E resistiu à tentação de ligar a impressora? Obviamente, não. Mesmo que em menor escala ('menor' comparada a hiperinflação), o poder de compra (e ganho de produtividade do brasileiro), vem paulatinamente sendo expropriado, a moeda brasileira está cada dia mais sendo violentada pelos políticos e burocratas que dominam a elite do país, e desde o seu nascimento (1994) até 2019, perdeu mais de 83% do seu poder de compra.

Valor este que deve ser muito maior hodiernamente, tendo em vista que os dados pós pandemia de COVID-19 ainda não estão depurados.

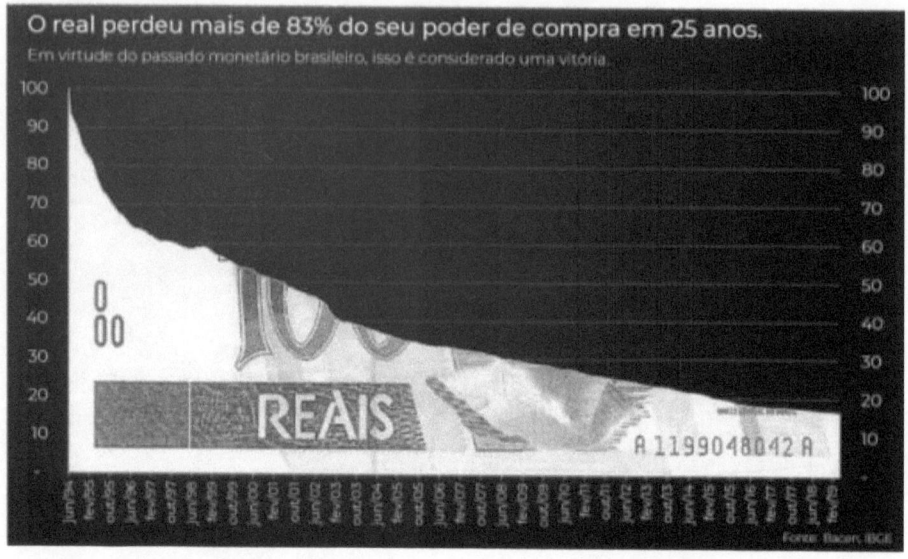

Coincidentemente (forte ironia), a base monetária (trad. criação artificial de dinheiro), por parte do banco central, tem crescido quase que paralelamente à perca do poder de compra do brasileiro. Detalhe pequeno, a criação monetária moderna, diferente da gloriosa época de Lansburgh é muito mais facilitada, nem precisa de impressora, são números em uma tela de computador, onde o seu burocrata favorito adiciona decimais na tela, criando dinheiro do ar fino (como dizem os americanos).

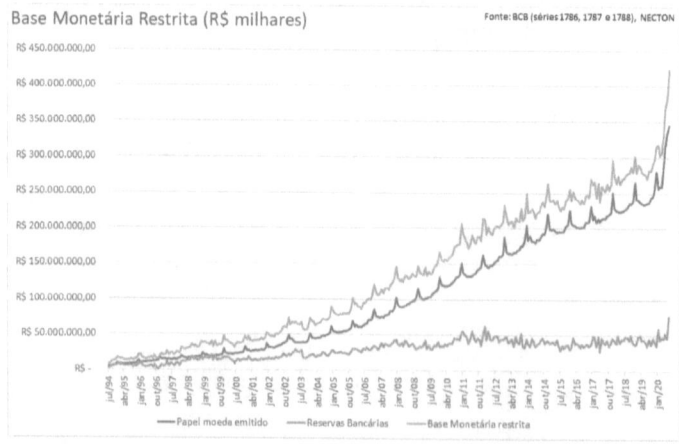

Não é coincidência, e o leitor atento já deve saber disso. Se você ganha em reais, gasta em reais, já deve ter percebido como a compra de supermercado encolheu no seu carrinho, e suas restrições lhe forçaram a consumir menos ou a trabalhar mais.

Novamente, qualquer comparação com a Alemanha de Lansburgh não é mera coincidência, o Brasil tem vivido um processo agressivo de empobrecimento, gradual e continuo, baseado no binômio incentivo ao consumo / deterioração da moeda.

Poupar no Brasil, em reais, é pedir para ser roubado pelo pickpocket (bate carteira) do Banco Central.

O cenário piora, quando você olha para outros países, e vislumbra que praticamente nenhum deles se eximiram de ligar a impressora, aliás virou prática contumaz em todo mundo, eles chamam de QE - Quantitative Easing, uma nomenclatura bonita, em economês, para mais uma forma de injetar dinheiro artificialmente criado na sociedade.

Tanto o velho mundo quanto o novo, sucumbiram na tentação de expropriar o trabalho alheio, diminuindo os direitos adquiridos através da criação de dinheiro novo.

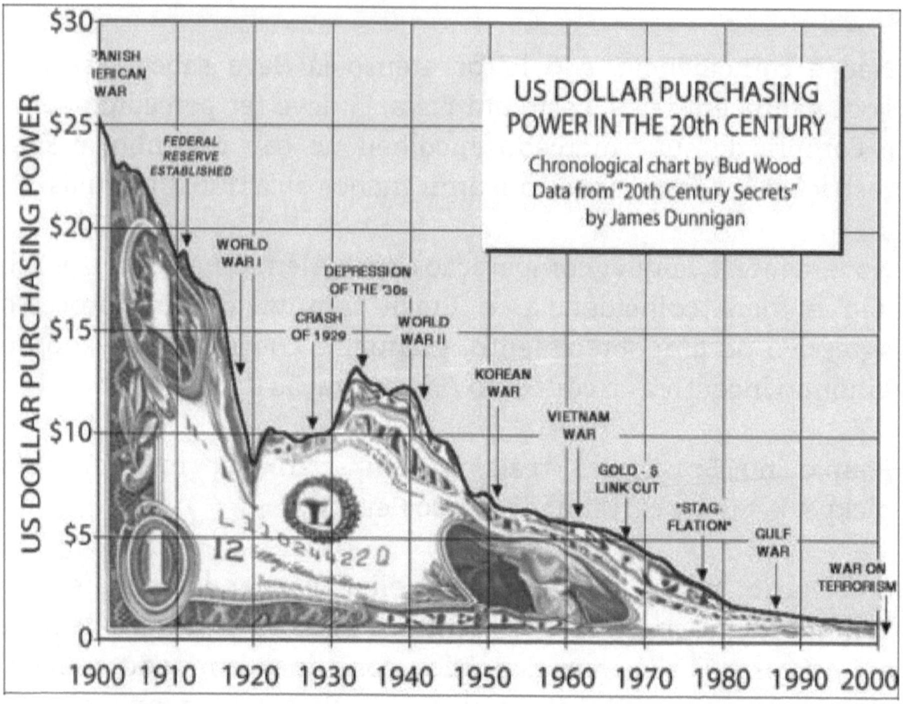

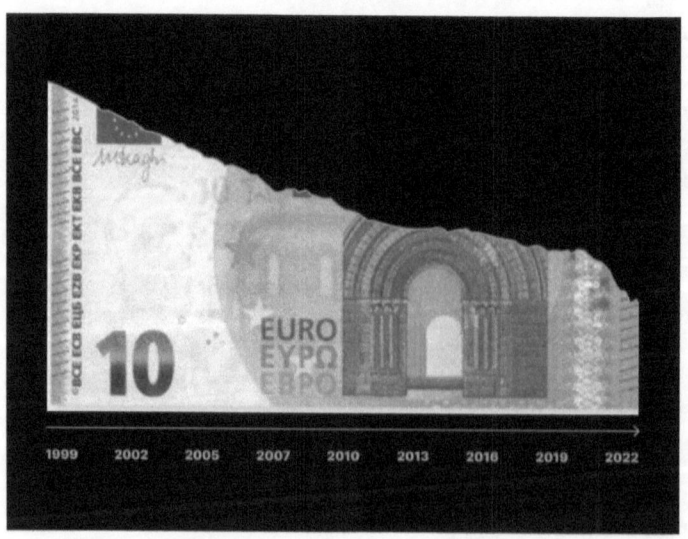

E o ouro? Bom, é fato que o ouro tem preservado seu poder de compra no curso da história, e que os detentores dos mesmos, foram muito mais felizes que os possuidores de papeis moedas coloridos assinados por um burocrata.

Entre 1900 e 2015, o dólar perdeu mais de 90% do seu poder de compra enquanto que o ouro aumentou em 50x o seu valor.

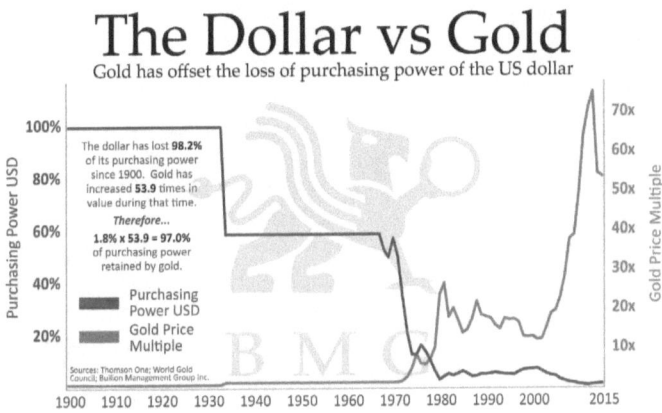

Mesmo assim, o ouro não é o ativo perfeito para representar o verdadeiro dinheiro, tendo em vista a dificuldade/risco de armazenamento, divisibilidade, transportabilidade, etc... O ouro é simplesmente uma commodity, e vem sendo desmonetizado (as pessoas e governos estão deixando de usa-lo como reserva de valor), desde 2011 (ajustado pela inflação).

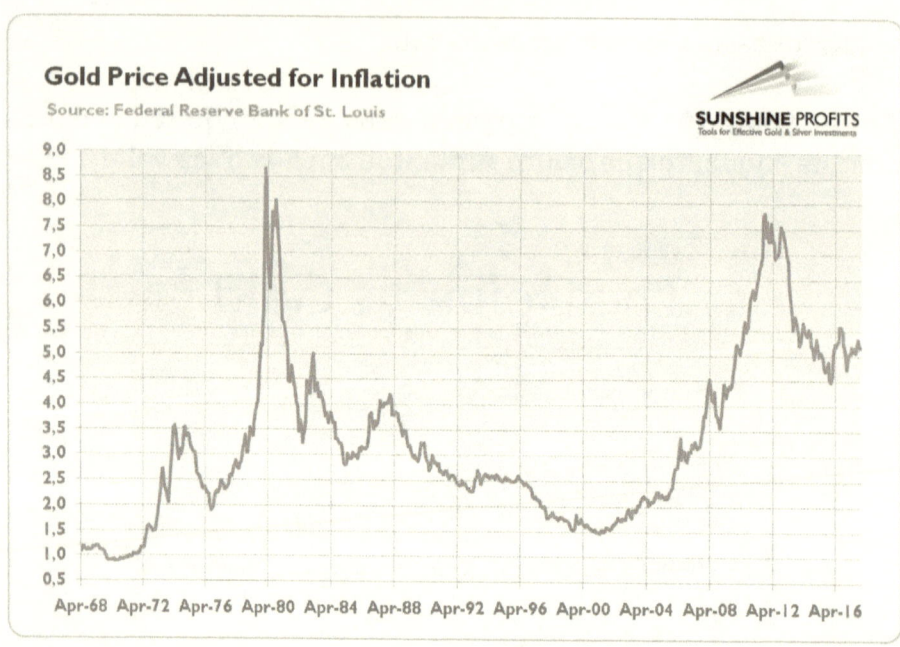

Gold Price Adjusted for Inflation

Source: Federal Reserve Bank of St. Louis

SUNSHINE PROFITS
Tools for Effective Gold & Silver Investments

Lembrando o atento leitor, que o aumento da base monetária traz efeitos ocultos que transcendem a mera inflação perceptível na superfície, pois o aumento da base monetária aniquila o poder de compra, e isso inclui o ganho de produtividade, tecnologia e avanços, ou seja, não se trata de um mero aumento de preços, mas inclui aquilo que você deixou de usufruir (consumo naturalmente deflacionário) do qual você teria DIREITO.

Sim, nunca é demais repisar, que o verdadeiro DINHEIRO é um representativo de um percentual de um DIREITO que você adquire sobre toda a produção e riqueza existente, o verdadeiro Money, é uma prova de trabalho (sacrifício e esforço) de alguém. E o melhor dinheiro, é aquele que possui as características que preservam essa prova de trabalho no tempo, sem que você seja diluído (para não falar expropriado/roubado) por um governo.

Ok, mas e daí? Somos roubados, o quê fazer agora? A resposta é simples, saia do jogo deles.

Se você se sente roubado, isso é bom. Pois o primeiro passo é admitir que o sistema está quebrado e que você foi o principal prejudicado. Agora, a segunda coisa a se fazer é mais importante, pois constitui um ato de consciência e autorresponsabilidade, você deve ESTUDAR. Sim, estudar para sair do vértice de empobrecimento que você foi subjulgado, e não será simples.

Entre tanto roubo, praticado por exatamente aqueles que elegemos para nos proteger (independente do espectro político, esquerda ou direita, ambos abusaram da impressora), surgiu um alento o Bitcoin. Que possivelmente você já deve ter ouvido falar.

Mas tome apenas as lições de Lansburgh, pense nas qualidades que ele aferiu ao bom dinheiro:
1. Quantidade Estável e Limitada: O Bitcoin possui uma quantidade limitada que poderá ser emitida (minerada), R$ 21 milhões de tokens.
2. Divisibilidade: Cada Bitcoin pode ser dividido em 100.000.000 unidade menores, conhecidas como satoshis, assim como a rede pode ser ajustar no futuro em uma divisão ainda menor.
3. Transferível: O Bitcoin pode ser transferível, inclusive com taxas de transferências ínfimas se você usar um sistema (que tecnicamente é uma solução em segunda camada) chamada Lightning Network.
4. Transportável: Se você tiver boa memória você pode levar suas seeds (chaves que dão acesso ao seu Bitcoin) na cabeça.
5. Seguro: Até o momento, o Bitcoin tem se mostrado mais seguro que uma conta no Banco (aliás, você pode ser um Banco, melhor um banco que não precisa se importar com confisco, lembra do Collor).
6. Anônimo: Se você tomar as precauções corretas você pode manter seus Bitcoins de forma anônima, e ninguém saberá que você é o proprietário da conta X e detém o saldo Y.
7. Impenhorável, Inconfessável: O Bitcoin é impenhorável, a única forma de alguém acessa-los e tenho sua chave privada, se você não entre-la você pode levar seus Bitcoins para o túmulo.

8. Ótimo Instrumento para Planejamento Sucessório: Você possui controle absoluto da propriedade, e pode ditar os termos da transferência do mesmo, mas esse é assunto para outro livro...

Enfim, é impossível dizer, mas desconfio que caso Alfred Lansburgh fosse nosso contemporâneo, teríamos ali um dos maiores defensores do Bitcoin, dito isso, eu só lhe peço uma coisa, NÃO CONFIE EM NADA QUE EU DISSE.

Como dizem os queridos baianos "Procure Saber", estude por si só essa nova tecnologia, existe uma frase entre os detentores de bitcoins que lastreia o nosso comportamento, "do not trust, verify". Não estou dizendo que o céu é azul, estou pedindo para você olhar para cima.

Vou deixar que você caia na toca do coelho, mas que estude e descubra por si só, o que eu posso fazer é apontar algum material para que você começa a trilhar a sua saída do labirinto.

Por isso, aqui vai algumas indicações de leituras:

Livro: O Padrão Bitcoin   https://shorturl.at/ghCR7
Livro: Bitcoin RedPill   https://shorturl.at/kDIN0
Canal de Info: Bitconheiros   https://shorturl.at/jvHIJ

O ouro foi uma forma que muitos na antiguidade utilizaram para se proteger do arbítrio estatal, hoje essa opção é dificultosa, mas se você entender seu inimigo, pode entender a solução do Bitcoin, e ter uma possibilidade de ser dono do seu trabalho.

O futuro não é facilmente previsto, como muitos economistas pensam, mas devemos (temos a responsabilidade) entender como as coisas funcionam para melhor lidar com o mal a nossa volta. O Bitcoin pode não ser a solução, mas é uma janela, uma oportunidade, talvez a última de termos um dinheiro que atende, genuinamente, sua função. Você é livre para escolher.

Mateus Rodrigues de Oliveira Michelon

AGRADECIMENTOS

Agradeço a sua leitura.

Se você se interessou pelo tema, e gostaria de contratar uma palestra deste editor e tradutor, abordando o tema do dinheiro, encaminhe um email para mateusmichelon@protonmail.com .

Quer que esse livro chegue à outras pessoas? Gostaria de incentivar outras traduções? Você pode fazer uma doação nos seguintes endereços/meios pagamento:

Recomendados >

Bitcoin Adress

Lightning Network: seismicbait56@walletofsatoshi.com

On-Chain:
bc1qj2ptg2jvr4fqsqcv2lnv0pp7j225ce64kmr9x9

Você pode tentar doar pelos meios tradicionais, *Fiat Money,* tais como pix.

Chave pix: 85a94f5e-91dc-4c32-9f93-9729d90dd382

Você, também, pode entrar em contato e acompanhar meus trabalhos nas redes sociais:

Twitter: https://twitter.com/Mateusmichelon

NOSTR (rede social segura e incensurável https://nostr.com) : **npub1dp3dp5p68d07vpkq93334em8pyzplg0nhrzxqw0fuctg8t 873qmqs2n3vs**

Email: mateusmichelon@protonmail.com

Que Deus lhe abençoe...

SOBRE O AUTOR

Alfred Lansburgh

Alfred Lansburgh (nascido em 1872) foi um economista alemão conhecido por suas contribuições no campo do capital financeiro. Ele ganhou destaque como editor da revista econômica "Die Bank", onde publicou várias investigações relacionadas a questões financeiras e de capital.

Como editor da revista "Die Bank", Lansburgh desfrutou de uma plataforma importante para compartilhar seus

Alfred Lansburgh.

conhecimentos e disseminar suas teorias. Seus artigos e investigações tiveram impacto na compreensão do sistema financeiro alemão e internacional.

Lansburgh dedicou sua carreira ao estudo das complexidades do sistema financeiro e suas interações com a economia. Sua pesquisa abordou temas como investimentos, mercados financeiros, políticas monetárias e questões relacionadas ao capital financeiro. Suas análises e ideias trouxeram novos insights e perspectivas para o campo da economia, influenciando debates acadêmicos e políticas econômicas da época.

Essa edição, visa resgatar sua memória e impecável raciocínio econômico liberal.